新常态下电力消费的
多维度特征解析与需求预测

——兼论湖北省电力高质量发展

光峰涛　著

WUHAN UNIVERSITY PRESS
武汉大学出版社

图书在版编目(CIP)数据

新常态下电力消费的多维度特征解析与需求预测:兼论湖北省电力
高质量发展/光峰涛著. —武汉:武汉大学出版社,2023.12
ISBN 978-7-307-23961-6

I.新… Ⅱ.光… Ⅲ.电力工业—消费—研究—中国 Ⅳ.F426.61

中国国家版本馆 CIP 数据核字(2023)第 170459 号

责任编辑:田红恩 责任校对:汪欣怡 版式设计:马 佳

出版发行:**武汉大学出版社** (430072 武昌 珞珈山)
(电子邮箱:cbs22@ whu.edu.cn 网址:www.wdp.com.cn)
印刷:湖北云景数字印刷有限公司
开本:720×1000 1/16 印张:12.5 字数:203 千字 插页:1
版次:2023 年 12 月第 1 版 2023 年 12 月第 1 次印刷
ISBN 978-7-307-23961-6 定价:68.00 元

序

在应对气候变化与大气污染治理背景下，加快构建以电力为中心的现代清洁低碳、安全高效的能源体系是深入推进能源生产和消费革命战略的关键所在，也是实现可持续发展的必由之路。作为社会经济发展的"风向标"，中国的电力消费随其不断深化发展的工业化和城镇化持续性地刚性增长。全社会用电规模和人均用电量屡上台阶，电能在终端能源消费结构中所占的比例也越来越高，全国的电气化水平得到显著提升。尽管如此，受经济发展的不平衡和资源禀赋的差异等因素的影响，中国能源的绿色低碳转型发展仍面临着不平衡、不充分的问题。为破解难题，党的十九大明确将发展清洁能源纳入美丽中国建设，十一届四中全会对能源治理体系和治理能力现代化的推进提出了要求，二十大报告提出要加快规划建设新型能源体系，这些都有利于能源消费侧清洁主导、以电为中心的能源格局的形成。

随着中国经济发展迈入新常态，经济增速的换挡、经济结构的优化、增长动力的转换等多方面的变化也带动电力消费进入新常态。电力供需形势整体上已由偏紧向趋于宽松的局面逐渐转变，但区域性的不平衡问题尤为突出。从趋势演变来看，电力消费增长与经济发展的趋势整体上较为吻合，但有阶段性的背离现象发生。从增长速度来看，电力增速放缓，与经济增速出现了比例失调，两者有脱钩倾向。从能源效率来看，区域异质性下单要素或全要素电力消费效率的时空差异都凸显严重。此外，中国电力消费未来发展趋势的不确定性也在增大。

鉴于此，本书在电力经济的视角下对中国电力消费的特征进行多维度研究，并对未来中国电力需求开展预测。首先，考察了电力消费和经济增长的动态关联关系，具体包括重心的耦合分析、周期的协同分析以及动态交互性分析；其次，

1

聚焦于电力消费的年均增速放缓特征，相继从电力消费和经济增长脱钩关系的演进分析、电力消费年均增速断点的存在性分析和电力消费影响因素的拉动率变动分析三方面出发探究了电力消费增速减挡的原因；再次，通过量化电力强度省际差异化程度、考察差异化的影响因素和剖析差异来源全方位分析了电力强度的省际差异化特征；然后，研究了全要素电力消费效率的时空分异特征，包含全要素电力消费效率的测度、静态和动态评价、空间集聚分析以及收敛分析；最后，通过包含关键假设模块、需求模块和转换模块三模块的 LEAP 模型预测了中国未来的电力需求。

本书应用多学科理论从电力消费与经济增长的关系、电力消费增速、电力强度以及全要素电力消费效率等四个维度深入研究了中国电力消费的特征，这对于把握中国电力消费的变化，解决电力消费区域不平衡问题，改善电力消费效率，指导科学用电和节约用电，制定电力产业发展政策具有重要的理论和实践意义。其中，从对电力消费和经济增长动态关系的系统探究能够增进对电力经济关系的认识和理解。对电力增速放缓原因的分析能够明晰电力消费的增长模式，也可将其分析思路及方法拓展应用到其他资源消费增长模式的分析中。此外，构建的适用于中国电力需求预测的 LEAP 模型可以进行滚动预测，其预测结果能够指导电力规划的制定。在未来研究中，还需研究电能替代战略的实施、泛在电力物联网的建设以及售电侧的放开等对电力消费的影响。

本书得到了湖北省社会科学基金后期资助项目（2021014）的资助，同时，感谢博导何永秀教授在编写书稿过程中给予的大力帮助，以及学生邓雅婷和卢晓丹在数据整理、实证分析等过程所做的大量工作。此外，本书借鉴了国内外学者的相关研究，在此向有关机构和作者表示衷心感谢！对于参考的文献我们尽可能地在书中加以标注，但难免有遗漏之处，敬请谅解。由于时间仓促，加之作者水平有限，对于书中存在不足之处，在此向各位读者致以诚挚歉意并恳请各位同行批评指正。

是以为序！

光峰涛

2023 年 3 月

目　　录

第一章 绪 论

一、研究的背景及意义

自 20 世纪 80 年代末中国开启第一次电力体制改革以来，其电力消费就伴随经济社会的快速发展而实现了巨大增长，由 1980 年的 3 006 亿 kWh 增长到了 2019 年的 72 255 亿 kWh，年均增速达 8.55%。在 2013 年，中国超过美国跃居为电力消费第一大国，占全球电力消费的 25% 以上。可以预见，未来随着中国工业化、城市化进程的进一步加快，中国的电力消费还将保持持续增长的态势。中国国家发展改革委和国家能源局于 2017 年 4 月 25 日联合印发了《能源生产和消费革命战略（2016—2030）》，进一步明确了清洁化电力能源优先发展的布局，以破解资源环境约束，治理大气和水污染，促进能源的清洁低碳化发展，保证能源的可持续健康发展。截至 2019 年底，中国的水电装机累计已达 3.56 亿 kWh，风电装机已达 2.1 亿 kWh，太阳能装机已达 2.04 亿 kWh，中国的可再生能源装机规模位居世界第一，随着可再生能源的进一步发展，可再生能源装机将在全部电力装机占比中占据愈发重要的地位，且将进一步促进中国电力向清洁化转变。

尽管自党的十八大以来，中国在生态文明建设方面已取得了阶段性的进步，但面临的环境问题和能源改革问题仍然艰巨，急须推动能源生产和消费革命，实现能源生产和消费方式的根本性转变。党的十九大报告深入阐述了美丽中国，明确强调"我们要建设的现代化是人与自然和谐共生的现代化"，深刻认识和确立了环境在生产力构成中的基础地位。习近平总书记指出，发展清洁能源是改善能源结构、保障能源安全、推进生态文明建设的重要任务。电力能源作为二次能源，由于其消费的安全、清洁、高效，其不仅是煤、石油、天然气等传统化石能源的重要转换载体，也是太阳能、风能、水能、核能等清洁能源利用的重要形式，这决定了电力能源的加快发展将有助于快速推进能源革命，构建清洁低碳、安全高效的能源体系。能源治理是国家治理的重要组成部分，党的十一届四中全会提出要推进能源治理体系和治理能力现代化。加快推进"以电为中心"的能源变革是完善能源治理体系和提高能源治理能力的关键所在，这也是各地 2020 年政府工作报告所部署的重点工作。

"十二五"期间，我国经济发展进入"新常态"阶段，经济增速、结构和增长动力等发生了深刻变化，并对电力消费产生了巨大影响。一方面，中国电力能源的消费结构得到了显著调整。受城镇化水平提高、信息服务等现代服务业和电动汽车等用电设施发展的影响，第三产业和居民生活用电占全社会用电量的比重不断提升。相反，第二产业占全社会用电量的比重却不断下降，特别是四大高耗能行业占全社会用电量的比重下降最为明显。但是引起中国电力消费结构调整的原因是什么呢，背后有什么机理，这是应关注的一个重点。另一方面，在经济新常态背景下，中国 GDP 增速由"高速"转向"中高速"时，电力消费也改变了以往高速增长的模式，降至"中速"。"十三五"及 2021—2030 年电力消费增速持续放缓，但在能源转型和电气化水平提升等正向因素对冲下，年均增速依然可达 5.1% 和 3.2%。在电力消费增速的这种转变过程中，到底是哪些因素在起作用呢，特别是与电力消费关系最为紧密的经济增长，其贡献度又是多少，是否与电力消费发生了解耦，这些都是待为回答的问题。

国际能源署（International Energy Agency，IEA）在其"2017 年能源效率"全球报告中指出，能源效率是推进全球能源系统转型，改善能源消费引起的环境问题的关键之一。尽管中国采取了一系列提高电力消费效率的政策和措施，如电能替代战略的实施、现代化电气化铁路的建设等，但是中国的电力消费效率是否与旧常态下的电力消费效率相比是否发生了改善，这仍是一个有待论证的问题。从电力强度来看，由于中国各省市所处的经济发展阶段不同，且资源禀赋也存在较大差异，这导致省际电力强度有着明显的差异，但是如何具体量化省际电力强度差异，又如何有效缩减省际电力强度差异，这些都是有必要进行探索的问题。此外，电力强度是从单要素角度对电力消费效率进行的评估，但考虑到电力能源在实际生产过程中并不是唯一的投入要素，需与其他要素配合才行，这就引发了一系列的问题，例如，如何从全要素的角度衡量电力能源的消费效率呢，全要素角度的电力消费效率在区域层面又表现出怎样的特征呢，这些问题也是有必要进行深入研究的。

中国电力消费增速的放缓对调整供给侧的能源供应体系提供了契机。现阶段我国煤电领域面临着严重产能过剩这一问题，2017 年 8 月，国家发改委等 16 部委联合印发《关于推进供给侧结构性改革防范化解煤电产能过剩风险的意见》，提出化解煤电产能过剩等政策，要求："十三五"期间，全国停建和缓建煤电产能 1.5 亿 kW，淘汰落后产能 0.2 亿 kW 以上，到 2020 年煤电装机总规模控制在 11 亿 kW 以内。但是不能否认的是，煤电的去产能化对于电力能源的安全稳定供应提出了严峻挑战。另一方面，我国的可再生能源电力快速发展，装机不断增加。发展可再生能源是推动能源革命、能源结构调整的重要路径。我国目前与可再生能源发电高速发展增长相伴相生的，有两个最突出的问题，一是成本，二是迫在眉睫的消纳难题。随着可再生能源发电技术的不断提高和可再生能源市场机制的不断完善，可再生能源电力在电力消费中的占比会逐渐升高。但是考虑到可再生能源电力固有的不确定性，易受环境因素的影响，这就更需要我们建立可靠的电力需求预测机制，以消费为向导，指导电力建设和电力供应。

因此，为对上述引出的问题作出科学的回答，在面对新的时代特点和要求下，急需对中国电力能源的消费特征进行解析，并对其未来发展趋势作出合理的预测，这对于推动中国能源结构的改善、能源效率的提高、清洁低碳能源新体系的构建起着举足轻重作用，也可为电力绿色化发展政策的制定、能源资源高效利用制度的制定、能源治理体系和治理能力的现代化发展提供理论依据和实践指导，促进中国电力能源的可持续发展。

二、文献综述

1. 电力消费与经济发展关联关系的研究综述

电力消费与经济发展关系的研究自 19 世纪 70 年代末起步于美国以来，在世界其他国家也相继展开，整体上经历了从定性研究到定量研究的过程，出现的研究成果极为丰富。起初对两者关联关系的定量解读是从电力弹性系数的角度进行的，分为电力生产弹性系数和电力消费弹性系数，其通过比较电力能源生产或消费的年均增长速度与经济增长的年均增长速度，从宏观上判断电力能源发展与经济发展的匹配程度。尽管运用该系数对电力消费和经济发展的关联关系进行评价简单易懂，但面临着很大的局限性，主要表现在其忽略了经济结构变动和能源效率改善对两者关系产生的深刻影响。此后，随着数学模型的发展以及能源经济学学科的进步，学者们站在不同的角度对电力消费和经济发展的关联关系进行了研究，其中，最具有代表性的是基于经济学模型对两者 Granger 因果关系的分析和电力消费周期和经济周期的关联分析。

在基于计量经济学理论对电力消费和经济发展间的 Granger 因果关系检验方面，尽管学者们开展了大量的实证研究，但仍未对"谁是谁的因"达成一致的意见。两者的 Granger 因果关系主要有四种假说。第一种是增长假说，即存在从电力消费到经济增长的单向因果关系，其认为电力消费的增长或减少会引起经济的增长或衰退。如 Remember 等对津巴布韦 1971—2014 年的数据采用 Maki 协整检验和 Toda-Yamamto 因果检验分析了电力消费和经济发展间的关系，发现两者存在稳定的长期均衡关系，且支持增长假说。第二种是节约假说，即存在从经济增长到电力消费的单向因果关系，其认为经济发展不依赖于电力能源，电力节能政策的实施不会引起经济的衰退，相反经济的发展能够带动电力消费的增长。如 Sankaran 利用 ARDL 边界协整检验和 Toda-Yamamto 因果检验对 10 个后工业化国家的电力消费和经济发展的关系进行了分析，发现突尼斯为节约假说的成立提供了证据。第三种是反馈假说，即电力消费和经济发展之间存在双向的因果关系，其认为电力消费和经济增长是互相影响、互相制约的，任何一方的变动都会带动另一方的变动。如 Faisal 等利用俄罗斯 1990—2011 年的数据，基于 Toda-Yamamto 因果检验方法发现电力消费和经济发展相互影响，支持反馈假说的成立。第四种是中性假说，即电力消费和经济发展间不存在任何方向的因果关系，其认为电力节能政策的实施不会制约经济的发展，经济发展速度的加快或者减慢也不会对电力消费的变动有任何影响。如 Faisal 等以冰岛为研究对象，基于 1965—2013 年的时间序列数据，通过构建向量误差修正模型（Vector Error

Correction Model，VECM）分析了电力消费和经济增长之间的 Granger 因果关系，证实了中性假说的成立。可以看出，由于研究区域、数据样本区间、检验方法的不同，电力消费和经济发展间的关系没有表现出一致性。其中，就检验方法而言，绝大多数的文献是在线性框架下进行的，认为电力消费和经济发展间的关系是线性的。但是，经济社会系统是由非线性关系构成的，非线性模型代表着模拟现实世界的合理方向，因此对电力消费和经济关系的进一步检验应采用非线性的方法。此外，在对电力消费和经济发展间相互影响程度探索中，以往研究大多采用的是固定参数模型，这只反映了考察期内相互影响的平均水平，因此应寻求对其动态影响的刻画，反映两者关系的阶段化发展规律。

电力消费周期是对电力消费需求波动特征的反映，当经济社会系统对电力能源的消费需求处于上升期时，电力能源的消费量增长；当对电力能源的消费需求处于下降期时，电力能源的消费量减少。电力消费周期正是对电力消费量这种不断增长、减少交替变化的刻画，但与数学上的标准周期不同，其不具有对称性和重复性。追溯历史来看，电力消费周期的研究是受经济周期研究的启发开始的，对周期波动的最先研究就是始于对经济周期的研究。经济周期是经济发展过程中客观存有的经济现象，与经济发展有关的经济事物自然也就可能表现出周期性的现象。如吴丽丽认为一个国家或地区在开展对外贸易中，通常会表现出一定的贸易周期性，其与经济周期相关联，其对 1978 年改革开放以来中国贸易周期和经济周期的关联进行了研究。方齐云和熊韵坚采用附加结构断点的马尔科夫区制转移模型对经济周期和产业发展周期的契合进行了探讨，结果发现在 1994 年后经济周期和三大产业发展周期的协同程度存有较大的差异，产业间发展表现出不平衡。电力能源作为经济社会发展的物质基础，其消费周期与经济周期也呈现出一定的关联性。如谢品杰等采用"三区制"马尔科夫区制转移模型对中国电力消费周期和经济周期的协同性进行了分析，研究结果表明在 20 世纪 80 年代前两者处于静态协同期，而在 80 年代后两者处于跨区制的动态协同期。徐斯旸和祝志刚结合 H-P 滤波法和谱分析法对中国华中地区电力消费周期和经济周期的关系进行了探究，结果发现两者的谱密度较为接近，电力发展以较短的周期领先于经济发展。尽管已有研究对电力消费周期和经济周期的关系进行了探讨，但这方面的研究尚显不足，现有研究对电力消费周期的波动特征深入不够，特别是针对中国经济进入新常态这一阶段的特征。再者，对电力消费周期和经济周期协同程度的分析只是对定性的角度出发，多是比较两者的周期波动曲线，缺乏从定量角度的衡量。

电力能源类属能源的一种，与能源消费和经济发展关系的研究相比，电力消费和经济发展关系的研究尚显单薄，且发展相对较为迟缓，因此在对电力消费和经济发展关系探索中可以借鉴有关能源消费和经济发展关系的研究。一方面，可以将脱钩理论模型引入衡量电力消费和经济增长之间的脱钩关系。脱钩是物理领域的概念，被学者借鉴应用到分析能源经济领域中，主要分析经济发展对能源的依赖程度。如 Wang 等采用 Tapio 脱钩弹性指数对印度和中国经济发展与化石燃料消费的脱钩关系进行了分析和比较，结果发现中国经济发展与化石燃料消费间呈弱脱钩关系，而印度的脱钩弹性呈不规则变动，脱钩关系不稳定。尽管最近已有研究对电力消费和经济增长的脱钩关系进行了评价，但这方面的研究还不多，且对脱钩背后的机理思量也不够深入。另一方面，可以将物理领域的重心概念应用到分析电力消费重心上。现阶段已有很多研究关注能源重心和经济重心的关联关系，但具体到电力能源重心和经济重心关联的还比较少。如王维华采用重心模型对中国 1986—2013 年的能源消费重心和经济重心进行了测度，发现两者的演变轨迹相似，且都偏离全国的重心。类似地，从空间经济学的角度出发对电力能源的消费重心进行测度和分析有助于判读全国电力消费的格局。

2. 电力消费影响因素的研究综述

电力能源与人类生存和发展紧密相关。正确认识电力消费的影响因素是理解电力消费规律变动的基础。关于电力消费影响因素的分析和讨论，已经引起学术界的广泛关注，是能源政策领域的一个研究热点。学者们从不同的国家背景、空间尺度、时间尺度出发，基于多种研究方法对电力消费与相关变量之间的关系进行了广泛深入的研究。既涵盖全球范围，也包含单个家庭；既有宏观统计资料的模拟分析，也有微观调查资料的模拟分析；既有时间上的演变，也有空间上的差异。

从影响因素来看，电力消费的变动是多种因素共同作用的结果。除经济发展外，还有其他因素对电力消费同样有着非常重要的影响。例如，在外商直接投资

（Foreign Direct Investment，FDI）与电力消费关系研究方面，Rajesh 和 Pradeep 以印度 1980—2015 年的时间序列数据为基础，采用最新开发的非线性自回归分布滞后（Nonlinear Autoregressive Distributed Lag，NARDL）模型分析了 FDI 对电力消费的影响，发现尽管 FDI 扩大了电力能源的消费范围，但在长期来看其抑制了电力消费的增长。在产业结构与电力消费关系研究方面，陈理等基于灰色关联度测算了浙江省 1990—2015 年电力消费和产业结构间的关联度，发现第一产业与电力消费的关联度变小，而第二产业与电力消费的关联度增大，第三产业与电力消费的关联度趋于稳定。在金融发展与电力消费关系研究方面，Saidi 等以收集到的 67 个国家 1990—2012 年构成的面板数据为基础，采用动态面板回归估计分析了金融发展对电力消费的影响，发现金融发展对电力消费有正向的影响，但这种影响只存在于中低等收入国家。在电力价格与电力消费关系研究方面，Wang 等在对居民家庭电力消费调查的基础上，通过 Agent-based 模拟仿真分析了分时电价对居民电力消费的影响，研究发现分时电价政策的实施能够将高峰段的负荷转移到低谷段，且能够减少居民家庭总的电力消费。在城乡收入不平等与电力消费关系研究方面，Dong 和 Hao 基于中国省域 1996—2013 年的面板数据，采用正交广义矩估计法分析了城乡收入不平等对电力消费的影响，研究发现收入不平等对人均电力消费有着显著的负向影响。在技术创新和电力消费关系研究方面，Yin 等以中国为例，结合新古典经济学和制度理论，采用面板回归估计分析了技术创新对电力消费的影响，实证发现技术创新和电力消费间存在着倒“U”形的关系。在气候变化与电力消费关系研究方面，采用温度相关变量和一系列社会经济因素对家庭电力能源和化石燃料消费建立回归模型，研究结果发现，气候变暖将引起家庭电力消费的净增长，而化石燃料消费出现下降。

从研究方法来看，对电力消费影响因素的分析方法主要有经济计量回归分析和分解分析，其中，分解分析又分为指数分解分析（Index Decomposition Analysis，IDA）和结构分解分析（Structural decomposition analysis，SDA）。经济计量回归分析通常是以电力消费量为因变量，以理论分析或经验研究筛选出的影响因素为自变量，基于计量经济学理论分析这些影响因素对电力消费的影响。如 Lin 等基于中国 1980—2011 年的数据，采用 Johansen 协整检验和 VECM 模型发现可再生电力消费、人均 GDP、贸易开放、FDI 以及化石燃料消费份额间存在着长期均衡的协整关系。同样地，Boukhelkhal 和 Bengana 以南非地区为例，采用 ARDL 边界协整检验证实了电力消费、CO_2 排放、经济发展、贸易开放以及年均气温间长期均衡关系的存在。尽管经济计量回归分析有其先进性和科学性，但也多面临着模型设立形式论证不足、样本数据有限或数据质量不高等问题。指数分解法最早由 Kaya 在研究经济和人口等对 CO_2 排放影响时首次提出的。这种方法通过将因变量影响因素分解为几个因素的乘积，并选取不同方法确定权重进行分解，来确定各个因素的增量，该方法数据容易获取，便于区域之间的比较。指数分解分析通常有 Laspeyres 指数分解法和 Divisia 指数分解法。其中，Laspeyres 指数分解法较为简单易懂，且分解过程中不存在零值问题，但是分解结果确有难以消除的残差项。Divisia 指数分解法又主要包括 Divisia 简单平均分解法和 Divisia 自适应权重分解方法。前者不仅会在分解中面临零值问题，也不能够实现完全分解；相反后者可以很好地处理零值和残差问题，特别是对数平均迪氏分解法（Log Mean Divisia Index，LMDI）作为 Divisia 自适应权重分解方法的一种由于能够实现完美分解得到了更为广泛的应用。如李伟和李浩基于 1995—2010 年中国电力消费相关数据，运用 LMDI 分解法定量分析不同因素对我国电力消费增长的贡献度。研究发现，经济规模效应的贡献度最大，收入效应次之，而技术进步抑制了电力消费增长。类似地，Zhang 等也采用 LMDI 分解法将电力消费的变动分解为经济活动、电力消费份额、经济结构、能源强度以及人口五个因素的作用结果，发现经济活动是电力消费增长最大的促进因素，而能源强度抑制电力消费的增长。

结构分解技术是目前投入产出技术领域普遍使用的量化分析工具，它在描述因素的时间序列变化方面有着突出的优势，其基本思路是将经济结构中某一重要的因素的变动分解成有关自变量各种形式的变动，以测度各自变量对因变量变动贡献的大小。该方法可将部门间的直接联系和间接联系全都考虑在内，即分解结果是对各自变量和因变量间完全联系的测度，这主要是归因于其以编制的投入产出表作为基础开展了投入产出分析。自 19 世纪 30 年代，美国经济学家 W. Leontief 提出投入产出分析以来，其在理论和应用方面都得到了长足发展。在理论研究方面，投入产出技术从静态、线性模型发展到了动态、非线性模型。如马超等利用可计算非线性动态投入产出分析模型计算虚拟水贸易，能够有效克服传统静态投入产出模型比例性假设的不足，更加准确地反映区域经济系统中各产业部门间的虚拟水流动状况。目前该方法的理论技术进步主要体现在编表方法、模型精度等方面，力求使得投入产出模型能够更有效地服务于经济系统研究。在拓展应用方面，投入产出技术已由经济系统扩展到能源环境领域。如在电力消费分解方面，Hong 等利用结构分解法和加权平均值法，从国内需求、技术进步和进出口贸易等方面，将中国产业以及金属、电力、建材和化工产业的电力消费增量分解为 10 种影响因素的加权平均和。研究发现，导致 1997—2007 年电力消费增长的正向影响因素为国内最终需求的成长、出口的成长、原料需求的成长、能源需求的替代和成长；负向影响因素为技术进步、原料需求的替代、进口替代、国内最终需求的结构和出口的结构调整。尽管已有研究采用结构分解分析考察过中国电力消费的驱动因素，但这些研究都聚焦于经济旧常态，缺乏对经济新常态下电力消费影响因素的关注。此外，不同研究分解出的驱动因素也有较大差异，这主要与研究目的和各考察时期电力消费的特点相关。

3. 电力消费效率的研究综述

能源消费效率是对能源利用问题的转述，借以对能源的有效利用程度及水平进行考查，长期以来都受到能源政策领域的重点关注，其又称为能源效率、能源利用率、能源有效利用率等。从整体概念看，能源消费效率是一个统称，其是对能源消费过程中涉及的管理、技术、经济等因素及其作用效果的综合反映，表现出高度的概括性。从使用的角度看，能源消费效率衡量的是提供的服务能量与消费的能源量之比。如 Kim 和 Chen 以每单位供水所消耗的能量（MJ/m^3），即供水能源强度，来衡量水利部门的能源效率，分析了韩国首尔水利部门的能源效率变动。研究发现，尽管使用了能源密集型的先进水处理技术，但首尔在多方面的能源转型努力仍然促进了其水利部门能源效率的提升。依据统计测度中涵盖的投入及产出变量的多寡，能源消费效率可以划分为单要素能源消费效率和全要素能源消费效率。通常情况下，单要素能源消费效率由经济产出与能源投入的比值或能源投入与经济产出的比值来表示，直观简便、通俗易懂，但其仅仅只考虑了能源投入对经济产出的作用贡献，而忽略了对其他生产要素投入的考量，如资本、劳动等。如 Petrović 等以单位国内生产总值消耗的油当量来表示能源强度，用来衡量欧盟国家的能源效率，并分析了能源强度的驱动因素及其作用机制。研究结果表明，固定资产形成总额、外资净流入、工业增加值、经济开放程度、人均 GDP、城镇人口、石油产品零售价格、煤炭价格以及天然气价格等都会作用于能源强度。

当考察范围以区域或产业为主时，以能源强度，即单位经济产出所消费的能源量，作为单要素能源消费效率的表示指标已得到了国内外学者的普遍采纳与应用。例如，澳大利亚学者 Lam 等以该指标衡量了澳大利亚工业部门的能源消费效率，发现其能源强度在 2006 年到 2015 年期间平均每年以 2% 的速率递减。同样的，中国学者韩宋等以单位 GDP 所消耗的标煤量为核算指标，测度了中国 1990—2014 年的能源强度，并结合正交实验和情景分析对中国"十三五"期间的能源强度做了预测，发现到 2020 年中国能源强度可减少到 0.477 吨/万元。分能源品种来看，电力强度，即单位经济产出所需要消费的电力能源量，在单要素能源效率研究中较其他能源品种的消费强度受到更多的关注，这是因为很多能源品种需要转化为电力能源才能被经济社会系统所利用。如 Hien 比较了越南和其他亚太国家的电力强度，发现越南的电力强度水平排在中国和蒙古之后，且处于持续增长中，但相比其经济发展速度，这是不合理的。地区能源效率整体的改善依赖于分品种能源强度的下降，特别是在电力消费占终端能源消费比例持续提升的情况下，电力强度的下降显得尤为重要。

现阶段对电力强度的研究主要集中在两个方面：一是电力强度区域差异化的分析；二是电力强度影响因素的分析。其中，前者主要聚焦在区域差异化的度量及收敛性检验上。如 Solarin 采用残差增广最小二乘法分析了 79 个国家的电力强度收敛模式，发现其中有 59% 的国家电力强度是收敛的，但在任何国家电力强度都不存在 α 收敛。同样地，Herrerias 和 Li 采用带有结构断点的单位根检验证实了中国各省份的电力强度处于不同的阶段，并分析了其随机收敛情况，发现中国的电力强度存在俱乐部收敛。尽管已有研究对中国省域电力强度的差异化进行了研究，但这些研究缺乏对其差异化演变趋势的系统跟进及分析，尤其是当中国经济进入新常态后，还没有研究能够给出电力强度差异化的走势判断。此外，尽管通过 β 条件收敛可以获知影响电力强度收敛的因素的边际贡献，但无法给出各因素对电力强度区域差异的总体贡献，即其差异化来源不明，这对于缩小区域电力强度差异是不利的。

电力强度水平的高低是多种因素的综合作用结果，取决于能源资源禀赋条件、能源价格水平、能源利用技术发展水平以及经济社会发展程度等。如 Gutiérrez-Pedrero 等采用静态面板数据模型分析了欧洲非居民生产部门电力强度的决定因素，发现生产系统的技术进步和较高的电力零售价格可以促进电力强度的下降。Kwon 等以收集到的韩国 16 个地区 108 个月数据构成的面板数据为基础，采用具有三种投入的生产函数回归估计了电力价格对电力强度的影响，发现电力价格的增长从长期看可以改善韩国制造业的电力强度，但短期没有影响。随着研究方法的发展和成熟，现有研究对电力强度影响因素的分析已有多元回归估计过渡到面板回归估计，但无论是静态的还是动态的面板回归估计都只反映的是各因素对电力强度的均值影响，无法辨别各因素对不同分位点电力强度影响的异质性效应，且回归估计结果对数据异常值较为敏感。

现阶段对全要素能源效率的研究主要有两种方法：参数法和非参数法。参数法中最为典型的是随机前沿分析（Stochastic Frontier Analysis，SFA），在应用该方法时首先需要设定效率的前沿面，故而存在着较大的主观性，且该方法不适宜处理多产出问题。但是值得注意的是，由于该方法建立在回归模型的基础上，在测算能源效率的同时能够分析其影响因素，所以得到了国内外很多研究者的青睐。如 Cengiz 等提出了一种贝叶斯随机前沿分析模型，并将其应用到了亚太经合作组织国家的能源效率评估中。该研究发现，在 2004—2010 年间，芬兰的能源效率最高，韩国次之，而土耳其的能源效率最低。非参数方法中最为典型的是数据包络分析（Data envelopment analysis，DEA），该方法在应用时无须事先设定模型的具体形式和估计参数，避免了人为确定权重对测算结果的主观影响，因而得到了广泛的应用。如 Liu 和 Wang 结合网络 DEA 和效率分解技术，提出了一种改进的网络 DEA，并将其应用到了 2008 年中国省际工业部门能源效率的评估中。研究表明该模型不仅适用于能源输出地区的能源效率评估，也适用于特定子工业部门的能源效率评估。以往从全要素角度对能源效率的测度，多是从能源消费总量出发的，很少区分能源消费的具体形式，但不同能源品种由于其特性的不同消费效率存在较大的差异，因此理应对电力能源的全要素消费效率进行单独测度。

由于在能源消费中不可避免地会伴随着非期望产出的产生，如 CO_2、SO_2 的排放，如何在全要素能源消费效率测度中处理非期望产出成为学者关注的重点。尽管已有研究从全要素角度对电力消费效率进行了关注，但这些研究在构建全要素框架时，很少考虑非期望产出或是只考虑 CO_2 这一种产出，这不符合实际的生产情况。目前对非期望产出的处理方式主要有四种：一是将其取倒数作为期望产出处理；二是直接将非期望产出作为投入；三是运用数据转换的方法对非期望产出进行转化；四是运用方向距离函数方法。具体在测算中，该采用哪种处理方式依赖于研究对象和研究目的，在必要时可采用多种方法，对结果进行比较后再进行取舍。

4. 电力消费趋势预测的研究综述

预测未来电力消费量是制定电力能源发展规划的重点。国内外学者与能源机构对电力能源需求预测方法进行了深入研究，其研究基础主要是经济学理论与工程技术理论，取得了很多重要的成果。依据这些成果，可以把电力能源需求预测方法大致分为五大类：情景分析法、经济计量方法、灰色预测、神经网络模型、系统动力学、组合预测。

情景分析法是依据经济社会未来发展的目标考虑各种最终可能出现的结果，并以此构想各种发展情景，研究各发展情景对应的能源需求，通过对比各情景方案及其模拟结果可以帮助政府政策制定者做出明智的选择，其中，部门分析法和投入产出分析法是最为常用的情景分析法。MEDEE-s 模型的研究理论基础就是部门分析法，该模型是法国 IEPE（The Institute of Energy Policy and Economics）20 世纪 80 年代开发的能源技术经济模型 MEDEE（Model Evolution Demand Energy）模型的核心部分。MEDEE-s 模型运用思路是对一定时期内的社会、经济、人口、科学技术等作出合理的情景假设，然后基于假设情景下对能源需求系统进行仿真得到能源需求中长期预测结果。如 Sohaili 将该模型应用到伊朗电力能源需求预测中，其预期到 2025 年伊朗的电力能源需求为 35.29TW。部门分析法通常和投入产出分析法结合使用。LEAP 模型（Long-range Energy Alternatives Planning model）的理论研究基础就是部门分析法和实物型投入产出法。LEAP 模型是瑞典斯德哥尔摩环境研究所 SEI（STOCKHOI M Environment Institute）进行开发的静态能源经济环境模型。LEAP 是以能源需求、消费和环境影响作为研究对象，并使用数学模型对各部门的能源需求、消费及环境影响进行预测，对各种可行的方案进行具体的经济效益分析。如 Perwez 利用 LEAP 模型对未来巴基斯坦的电力需求情况作了预测，其预测 2030 年巴基斯坦的电力能源需求为 312TWh。尽管 LEAP 模型已被学者广泛应用到电力能源需求预测中，但是针对中国的研究却很少。

经济计量方法是建立在经济计量理论基础上的一种回归分析预测方法，最为常用的是多元回归预测模型和 ARIMA（Autoregressive Integrated Moving Average）时间序列预测模型。从发展历程看，多元回归预测模型较早产生，但其容易遭遇伪回归的问题，ARIMA 模型应运而生。多元回归分析是经济中最为典型的一种统计学预测方法，其通过建立自变量与因变量的线性关系并对模型进行 R 检验，F 检验及 t 检验，通过检验的模型即是符合要求、合理的预测模型，在模型准确的情况下，将自变量的数值代入模型即可得到因变量的预测值。ARIMA 模型是以时间序列数据为基础，通过引入滞后项或进行差分操作，根据往期的历史数据来预测未来的数值。如吴国峰以 ARIMA 模型对江苏省电力消费的预测。类似地，王惠和吕洁华结合多元回归预测和 ARIMA 模型对哈尔滨的电力消费进行了预测。值得注意的是经济计量方法近年来在电力能源需求预测中的应用较少，这主要归因于其对数据的完整性和精确性要求较高，且预测精度相对不高。

灰色预测是建立在灰色系统理论基础的一种预测方法。灰色系统理论是由华中理工大学（现为华中科技大学）邓聚龙教授于 1982 年提出，其通过对社会、经济、生态等各种系统的数据进行挖掘与整理以期发现数据之间的内在规律。灰数的生成与灰色微分模型的建立是理论体系的核心，通过灰数的生成发现杂乱数据的规律并通过建立客观微分方程来描述数据变化趋势，从而对系统进行分析与预测，现已在经济、社会、农业、生态、科学领域得到了广泛的运用。如 Ding 等提出了一种新的灰色预测方法用以预测中国 2015—2020 年的电力消费，该方法采用了新的变权系数，并用粒子群算法优化生产参数，结果发现到 2020 年中国的工业电力消费会达到 6.43 亿 kWh。类似地，Wang 等结合多目标优化算法和狮子优化算法对 GM（1，1）模型的预测精度和稳定性进行了优化，并以中国往期电力消费的数据为例验证了该算法的有效性。灰色预测对指数增长的数据拟合效果更优，但对具有其他趋势的数据则表现相对较差。

神经网络模型是以神经元的数学模型为基础发展起来的一种非线性映射模型，由于其强学习能力和高鲁棒性在最近几年得到了快速发展，在系统辨识、智能控制、预测等领域得到了广泛的认同与应用。电力能源需求受到社会、经济、人口、环境与政策等多种因素的影响,且各因素间也有着复杂的关联关系,导致其呈现出高度的非线性和非平稳性特征,而神经网络模型由于其能够逼近各种任意复杂的非线性函数,在电力能源需求预测中有非常好的适应性。如 He 等提出了一种基于极限学习机(Extreme learning machine,ELM)的电力能源需求预测模型,在该模型中,变量的筛选是通过 T 相关系数进行的,此外,为提高预测精度,采用改进的粒子群优化算法(Improved particle swarm optimization,IPSO)对 ELM 的输入权重和隐含层的数目进行了优化。Rahman 等将深层递归神经网络应用到了中长期商业和居民建筑物的电力能源需求预测中,并发现该模型的预测精度通常要好于具有三层感知器的神经网络模型。Zhang 等以宏观经济表现、电力价格、电力消费效率以及经济结构为四个关键输入变量,采用智能群萤火虫算法对中国的电力消费进行了预测。尽管神经网络在电力消费预测中表现出极高的预测精度,但仍然面临着预测稳定性差,对数据要求量大的问题。

系统动力学由 MIT 著名学者 Jay W. Forrester 教授创立于 1961 年,是一门分析研究信息反馈系统的学科,也是一门认识和解决系统问题交叉的综合性的新学科。它是系统科学和管理科学中的一个分支,也是一门沟通自然科学和社会科学等领域的横向学科。该模型本质上是带时滞的一阶微分方程组,在建模时借助于流图,其中,流位变量、流率变量、辅助变量等都具有明确的物理(经济)意义,是一种面向实际的建模方法。如于松青等基于系统动力学按照用电结构,在对电力消费影响因素筛选的基础上,分别建立了一产用电、二产用电、三产用电以及居民生活用电四个预测模块,整体形成综合的预测模型,并重点分析了技术因素和城镇化对预测结果的影响。采用同样的方法,He 等通过经济计量学的相关性分析在对电力消费影响因素筛选的基础上,也同样分四个模板分别建立了各模块的预测模型,从而预测总的用电量,并将天津的电力消费数据为例对模型的精确性进行了验证。尽管系统动力学有较好的普适性,但各变量间关系的建立对经验知识的依赖性较强。

组合预测是将两种或两种以上的预测方法相结合进行的预测,其认为任一单一预测方法都有其固有的优缺点,其在预测时考虑的角度、对数据的处理方式等与其他方法都表现出差异,提取到的有效信息则会有差别,若是因为某一单一预测方法预测精度低而不予使用则会损失一部分非常有价值的信息，因此从保全信息、提高预测精度和可靠性的角度出发，应结合多种预测方法。如 Dang 和 Gong 基于多元线性回归和人工神经网络建立了电力能源需求预测的组合模型，以土耳其为例进行了模型有效性验证，结果表明该模型预测效果极佳，平均绝对误差为 2.25%。

综上所述，尽管目前围绕电力消费开展的其与经济发展关联关系的分析、影响因素的分析、消费效率的分析及发展趋势的预测分析等研究内容出现了丰硕的研究成果，但由于电力消费表现出的区域属性和时间属性，并没有统一性和权威性的结论出现。考虑到中国已成为世界最大的电力生产和消费国，分析和展望其电力消费对于引领全球能源消费格局的演变、适应和减缓气候变化具有重要的意义，特别是现阶段中国经济处于新旧动能转换和转型升级期，正在进行的以电力为核心的能源变革是应对经济转型升级所面临挑战的推动力所在。同样地，经济的转型升级也正积极促进着电力的转型发展。受此影响，该背景下中国电力消费呈现出的特征区别于以往，存在对其进行系统分析的迫切需要。

三、研究思路及框架

本书考虑到能源电力在中国能源革命体系中扮演的角色越来越重要，以中国电力消费为研究对象，定性分析和定量分析相结合，对其消费特征进行深度解析，特别是经济新常态背景下其出现的新的变化，并在此基础上对其未来的发展趋势作出判断，整体上形成特征分析——预测分析的研究脉络。其中，经济新常态背景下中国电力消费出现的新的特征主要呈现在四个方面：一是电力消费和经济增长的动态关联；二是电力消费的年均增速放缓；三是电力消费强度的省际差异化；四是全要素电力消费效率的时空分异。这四个方面的特征相互联系，相互制约，对电力消费的发展变化有着深刻的影响，共同构成了本书的研究重点。为合理架构本书的研究内容，本书共安排七个章节详细展开。其中，第二章到第五章分别从不同维度研究中国电力消费的特征，第六章开展电力消费需求预测，第二章到第五章是第六章研究的基础，在设置电力消费需求预测情景中考虑了电力消费呈现出的特征。本书整体的研究框架及分析脉络展示如下：

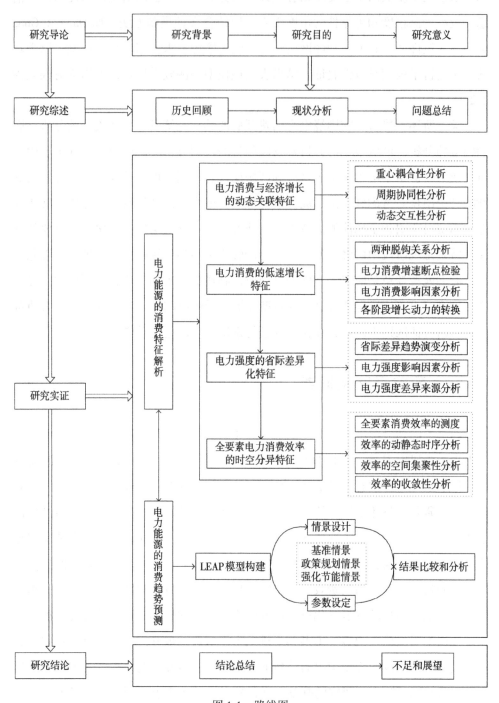

图 1-1 路线图

各部分的具体研究内容如下：

第一章：该章为此研究课题的绪论部分。首先对研究课题的开展背景及研究意义、目的做了详细阐述，接着在大量阅读国内外最新文献的基础上，全面综述了与电力消费有关的研究内容，涵盖"电力消费与经济发展关联关系""电力消费影响因素""电力消费效率"以及"电力消费趋势预测"等四个方面的研究内容，并对迄今为止各方面的发展现状做了深入分析，以凝练出存在的不足之处。以此为依托，在该章的最后部分展示了该研究课题的研究框架及脉络，并罗列了相关研究创新点。

第二章：该章聚焦于电力消费和经济增长的动态关联特征。对该特征的解读从三个方面进行：一是电力消费重心和经济重心的动态耦合演进分析；二是电力消费消费周期和经济周期的动态协同性分析；三是电力消费和经济增长的动态交互性分析。为此，首先引出了从这三个方面解读的原因及必要性。接着，构建重心模型分析两者重心的演变，并提出重心一致性指数以测度两者重心的耦合；采用 CF 滤波分解技术提取两者的周期成分，并提出周期一致性指数以探究两者周期的协同；运用 Granger 因果检验分析两者计量上的因果关系，构建时变参数的状态空间模型研究两者的交互性。最后，对研究得出的实证结果进行了详细解释。

第三章：该章聚焦于电力消费的年均增速放缓特征。对该特征的解读从三个方面进行：一是电力消费和经济增长脱钩关系的演进分析；二是电力消费年均增速断点的存在性分析；三是电力消费影响因素的拉动率变动分析。为此，首先回顾了电力消费与经济发展间出现的背离现象，阐述解读该特征的意义。接着，结合 OECD 脱钩因子和脱钩弹性指数，对电力消费和经济增长脱钩关系的逐年演变作出分析；采用累积和 CUSUM（Cumulative Sum Test）检验，对电力消费年均增速有无结构断点出现作出判断；编制中国电力能源的可比价投入产出表，进行电力能源的投入产出分析及其影响因素的结构分解分析，对电力消费影响因素的拉动率变动作出分析。最后，深入剖析得到的实证分析结果。

第四章：该章聚焦于电力消费强度的省际差异化特征。对该特征的解读从三个方面进行：一是电力强度省际差异趋势的演变分析；二是电力强度的影响因素分析；三是电力强度省际差异的来源分析。为此，首先在电力强度整体走势分析的基础上，给出本章研究的出发点及其价值所在。接着，采用泰尔指数，对电力强度的省际差异化程度逐年进行测算；构建面板惩罚固定效应分位数回归模型，对电力强度的影响因素作出分析；构建基于回归的 Shapely 分解模型，对电力强度各影响因素对其省际差异的贡献度作出衡量。最后，基于省级面板数据开展实证分析，并对其出现的结果进行详细分析。

第五章：该章聚焦于电力能源全要素消费效率的时空分异特征。对该特征的解读从三个方面进行：一是电力能源全要素消费效率的静态和动态时序分析；二是电力能源全要素消费效率的空间集聚特征分析；三是电力消费效率的收敛性分析。为此，首先通过对以往如何对电力消费效率测度的回顾，提炼出本章的研究重点及分析其开展的意义。接着，构建电力消费效率的全要素测度指标体系，基于 EBM（Epsilon Based Measure）模型对电力消费效率进行测度，运用 GML（Global Malmquist-Lueenberger）指数对其进行动态评价，采用探索性空间数据分析对其空间集聚特征进行分析，构建收敛性分析模型对其收敛性进行探究。最后，以省级面板数据为基础进行实证分析，并对所得到的结果进行深入解读。

第六章：该章聚焦于电力能源未来消费趋势的预测。对电力消费趋势的预测是建立在情景模拟分析和 LEAP（Long-range Energy Alternatives Planning Model）基础上的。首先，以电力规划的制定为切入点引出开展本章研究的目的和意义。接着，系统阐述情景模拟分析的定义、应用特点、应用流程及应用范围等，并针对中国的情况构建可适用于中国电力能源分析的 LEAP 模型。最后，设置电力消费发展的三种情景，即基准情景、政策规划情景和强化节能情景，并在对各情景方案参数细化设置的基础上开展预测分析。

第七章：该章以湖北省为例，从电力装机、电力生产、电力消费、电力投资、电力技术经济指标等方面分析湖北省的电力发展情况。在此基础上，提出促进湖北省电力高质量发展的对策建议。

第八章：该章为此研究课题的结论部分。本章对上述各章节得到的主要结论进行了全面细致总结，并归纳了该研究课题的开展存在的不足之处，展望了未来的研究重点和方向。

四、研究方法及创新点

1. 研究方法

本书在借鉴以往研究经验的基础上，从研究目的出发，综合应用了多种研究方法，以期实现较好的研究效果，主要包含以下几种：

（1）文献研究法。本书在详细查阅、搜集和整理国内外与本书电力消费特征及电力消费预测相关的文献资料（涵盖图书、论文、专著及研究报告等）基础上，系统地回顾和总结了以往研究的发展历程，并分析了现阶段存在的不足之处，并以此为切入点，结合时下电力能源的发展提炼出本书的研究重点。

（2）学科综合交叉法。学科的综合和交叉赋予了科学发展新的时代特征，各学科间的界限越发不明显，相互渗透和融合。本书研究的开展涉及了经济学、管理学、统计学以及运筹学等多个学科的理论知识，这为解析电力能源的消费特征提供了新的视角，有利于解决电力发展中遇到的问题。

（3）对比分析法。通过对客观事物的比较分析，揭示相互间存在的相似和相异之处，以达到对事物本质的认识。本书从动态角度追踪过电力消费的增长变化、电力消费和经济发展关系的演变以及电力消费效率的时序演变等，也从截面角度比较过不同区域或省市电力消费效率的大小以及不同产业电力消费的发展变化。

（4）定性分析和定量分析相结合分析法。定性分析和定量分析存在着统一性和互补性，两者反映了同一事物的不同侧面。本书从定性的角度界定了电力消费和经济发展间的关系、电力消费效率以及电力消费的发展趋势，并通过一些具体的定量指标做了计算和分析。

（5）理论分析和实证分析相结合分析法。理论分析是在一定理论框架下通过理性思维认识事物的本质，而实证分析则借助可行的分析工具，通过统计数据、模型等对事物进行客观反映。本书先在多学科理论指导下对电力能源的消费特征和发展趋势做了研判，然后通过分别建立特征分析模型和预测模型来实现对电力能源消费特征的解析和消费量的预测。

2. 主要创新点

本书响应国家能源革命战略确定的优先布局电力能源的方针，聚焦于经济新常态背景下中国电力消费出现的与以往不同的特征，系统对其进行诠释，这是以往研究所不具备的，从选题来说就保证了新颖性。从具体内容来看，电力消费的各个特征解读及其趋势预测中可能出现的创新点如下所示：

（1）建立了电力消费和经济增长动态关联特征的分析框架，创新性地从重心耦合，周期协同和交互影响三个方面来综合评判这两者间的关联关系随时间的变化。在重心耦合方面，创新性地将重心理论拓展应用电力消费重心的构建上，并探讨其与经济重心的耦合性；在周期协同方面，在深入分析电力消费周期规律基础上，摒弃了以往通过图形判断两者周期是否存在协同，而是通过构建一致性指数来定量测度。在交互影响方面，从非线性角度出发来检验两者的 Granger 因果关系，并通过构建时变参数模型分析两者间影响程度的动态变化，而非均值化影响的反映。

（2）建立了探究电力消费年均增速放缓原因的分析框架，其结合了脱钩关系分析、断点检验和结构分解分析。其中，脱钩关系分析用以评价电力消费和经济增长的脱钩类别和脱钩程度；断点检验用以检验电力消费年增速序列是否出现过结构断点；结构分解分析是在对电力能源进行投入产出分析基础上探究电力消费增长模式及电力消费影响因素拉动率的阶段性变化。

（3）建立了探究电力强度省际差异化特征的分析框架，涵盖对差异化的度量、影响因素的分析及差异化来源的分析。电力强度省际差异化的测度采用了泰尔指数，其可分辨差异主要来源区域内还是区域间；以往对电力强度影响因素的考察多分析的是其均值化影响，而本书通过惩罚面板分位数回归呈现了不同分位点上各影响因素的异质化影响；以往研究并没有对电力强度省际差异的来源进行过探讨，而本书采用基于回归的 Shapley 分解测算了各影响因素对电力强度省际差异的贡献度。

（4）建立了探究全要素电力消费效率时空分异特征的分析框架，包含全要素电力消费效率的测度、静态与动态评价、空间集聚特征分析及其收敛特征分析。以往对能源效率的研究，多是从能源消费的总量出发，没有区分能源消费的具体形式，而不同能源品种具有不同的能源效率，本书聚焦电力能源，完善了其消费效率的测度体系；在全要素能源效率评估中，以往研究多只考虑 CO_2 这一非期望产出，而忽略了 SO_2、NOx 及烟尘等非期望产出，本书在构建全要素电力消费效率测度体系时，充分考虑上述各项非期望产出；在测度中国电力消费效率时采用的 EBM 模型是传统径向 DEA 和非径向 DEA 模型的结合体，其在处理多非期望产出时有更好的适用性，这也是本书首次将其应用到全要素能源效率测度中。

（5）构建了电力消费预测的 LEAP 模型，并分情景开展了预测。LEAP 模型的应用并不是普适的，需针对研究对象单独开发。本书考虑中国统计数据的结构特征和电力能源的消费现状，构建了可适用于中国电力能源分析的 LEAP 模型；电力消费的变化存在不确定性，特别是容易受政策导向的影响，本书设置了三种电力消费发展的三种情景方案，即基准情景、政策规划情景及强化节能情景，各情景方案的结果可以相互对比并验证。

第二章　新常态下电力消费和经济增长的
关联性减弱特征分析

为探究中国电力消费与经济增长的动态关联特征，本章首先将地理上的重心概念应用到电力消费和经济增长重心的构建上，以进一步分析电力消费重心和经济增长重心的耦合性；接着，应用频域分析法中的滤波分解技术提取电力消费和经济增长两时间序列中的周期成分，比较电力消费周期和经济增长周期的异同化特征，分析两者的协同性；最后，从线性和非线性的角度出发，分别判别电力消费和经济增长间的 Granger 因果关系，并以电力消费为因变量，经济增长为自变量构建时变参数的状态空间模型，对电力消费和经济增长间的动态交互性进行分析。

一、特征的事实性表现

电力消费和经济增长间的关系密切，可以从三方面对这两者间的关联特征进行解读，分别是重心的关联、周期的关联及动态交互影响。首先，电力消费和经济增长通常存在相互促进的正向关系，依据"增长极"理论和非均衡增长理论，这种关系会造成电力消费和经济增长在空间上的耦合，而对这两者耦合程度的衡量依赖于对各自重心的测定，即应构建电力消费重心和经济增长重心。考虑到电力消费和经济增长皆受多种因素的影响，会随时间的推移而改变，地区间存在的差异化变动会促使电力消费重心的演变轨迹和经济增长重心的演变轨迹的形成。研究这两类重心演变轨迹的特征及耦合度有利于探析全国电力消费格局和经济增长格局的变化，对解决地区能源发展差异和经济发展的不平衡起着重要作用。其次，在宏观经济运行过程中，会循环往复地出现经济扩张与经济紧缩现象，即经济发展呈现出周期化的增长特征。电力消费作为反映宏观经济运行的重要指标，也会围绕自身稳定增长或下降的趋势表现出循环往复的波动现象，即存在增长周期，这是多种随机冲击效应通过传播、放大以及复合的作用结果。考虑到电力消费与经济增长存在的密切关联关系，两者的周期可能呈现出同步化的特征。鉴于此，有必要对电力消费的周期进行测算，以精确研判现阶段经济处于新常态运行中电力消费居于其增长周期的哪个阶段，并分析电力消费周期是否与经济增长周期存在协动性。最后，能源经济系统具有明显的非线性化特征，受外界因素的冲击而呈现出时变的特点，采用常规的线性模型难以精确刻画电力消费和经济增长之间的动态交互影响。因此，有必要从非线性的角度对电力消费和经济增长之间的 Granger 因果关系进行再次检验，并探究两者之间的影响是如何随着时间而改变的，分析其阶段化规律，这对于制定有效的电力能源发展政策具有重要的意义。

二、电力消费与经济增长动态关联特征的分析模型

本节旨在构建用以分析电力消费和经济增长间动态关联特征的模型，首先构建重心模型，以分析电力消费重心和经济增长重心的演变轨迹；接着引入 CF（Christiano-Fitzgerald）滤波分解技术，以剔除电力消费序列和经济增长序列的趋势成分和扰动成分，分析电力消费和经济增长的周期演变特征；最后，分别介绍线性和非线性的 Granger 因果检验以及构建时变参数的状态空间模型，以分析电力消费和经济增长间的动态交互关系。

1. 重心模型

重心起初是物理领域的概念，描述的是物体各部分所受重力的合作用点，在该点受力，物体可以达到平衡，故而通常以重心所在位置来反映物体的空间分布。受此启发，美国学者 Walker 构建了重心模型对美国人口的空间特征进行了分析，此后该模型在经过 Bellone 和 Cunningham 的修改完善后被逐渐推广应用到经济和环境领域，现已成为空间分析的重要工具，常被用于研究国家或区域发展

的方向和平衡问题。

假设研究区域是由 n 个次一级区域共同组成的，第 i 个次一级区域的地理中心坐标为 (X_i, Y_i)，其中 x_i 和 y_i 分别表示其经度和纬度。H_i 为第 i 个次一级区域某种属性的值，则该属性的区域重心坐标 $(\overline{X}, \overline{Y})$ 计算公式如式（2-1）和式（2-2）所示：

$$\overline{X} = \frac{\sum\limits_{i=1}^{n} H_i X_i}{\sum\limits_{i=1}^{n} H_i} \tag{2-1}$$

$$\overline{Y} = \frac{\sum\limits_{i=1}^{n} H_i Y_i}{\sum\limits_{i=1}^{n} H_i} \tag{2-2}$$

当所考察的区域属性空间分布不均衡时，属性重心则会向某一方向发生转移，偏离的方向指向该属性值高的次一级区域，衡量偏离程度的计算公式如式（2-3）所示：

$$\theta = \mathrm{arctg} \frac{\overline{Y}_t - \overline{Y}_{t-1}}{\overline{X}_t - \overline{X}_{t-1}} \tag{2-3}$$

式中，$\overline{X}_t - \overline{X}_{t-1}$ 和 $\overline{Y}_t - \overline{Y}_{t-1}$ 分别表示区域属性重心第 t 年相对第 $t-1$ 年在经度和纬度上的变化。θ 是以欧式几何角度反映的区域属性重心方向的偏离度，取值范围为（−180°，180°），设定正东方向为0°，逆时针旋转为正，顺时针旋转为负，则第一象限（0°，90°）表示东北方向，第二象限（90°，180°）表示西北方向，第三象限（−180°，−90°）表示西南方向，第四象限（−90°，0°）表示东南方向，即如表2-1所示。

表2-1　　　　　　　　　　　　　区域属性重心移动方向

经度变化	纬度变化	象限分布	移动方向
$(\overline{X}_t - \overline{X}_{t-1}) > 0$	$(\overline{Y}_t - \overline{Y}_{t-1}) > 0$	第一象限	东北方向
$(\overline{X}_t - \overline{X}_{t-1}) < 0$	$(\overline{Y}_t - \overline{Y}_{t-1}) > 0$	第二象限	西北方向

经度变化	纬度变化	象限分布	移动方向
$(\overline{X}_t - \overline{X}_{t-1}) < 0$	$(\overline{Y}_t - \overline{Y}_{t-1}) < 0$	第三象限	西南方向
$(\overline{X}_t - \overline{X}_{t-1}) > 0$	$(\overline{Y}_t - \overline{Y}_{t-1}) < 0$	第四象限	东南方向

第 t 年相对第 $t-1$ 年的区域属性重心的移动距离 D 可用式（2-4）计算：

$$D = C \cdot \sqrt{(X_t - X_{t-1})^2 + (Y_t - Y_{t-1})^2} \tag{2-4}$$

式中，C 表示距离系数，用以将以经纬度表示的地理坐标调整为千米（km）为单位的平面距离，通常取值为 111.111。

2. CF（Christiano-Fitzgerald）滤波分解技术

现阶段分析经济社会指标周期的方法通常有两种：时域分析方法和频域分析方法。前者是将时间序列看作一个整体，直接对序列数据特征进行的分析，采用的方法多以自相关函数和差分方程为主；后者是以数据的频率为出发点，通过分析时间序列在频域结构方面的特征，进而测得序列的周期，采用的方法多以滤波法和谱分析为主。尽管时域分析直观简便，易于拓展，但存在着主观性。相比而言，频域分析在具体测算时包含了全部的信息，使用了所有样本点，更为客观准确。其中，滤波法是将时间序列中的不规则成分剔除，趋势成分和周期成分剥离开来，常用的滤波技术有 HP（Hodrick-Prescott）滤波和 BP（Brand-Pass）滤波。

BP 滤波包含两种类型，分别为 BK（Baxter-King）滤波和 CF（Christiano-Fitzgerald）滤波。前一种类型为固定长度的对称滤波，其平稳性、对称性假设及使用过程中移动平均项数选择的折中性会对分解结果产生影响；后一种类型可分为固定长度的对称滤波和全样本长度的非对称滤波，两者皆可依据时间序列的平稳性特征进行分类滤波，且操作性均优于 BK 滤波。但相比固定长度的对称滤波，全样本长度的非对称滤波对趋势和循环要素的提取准确性要更高，这是因为该滤波进一步放松了 BK 滤波对称性的假设，属于时变的广义滤波，在分解操作中对每次平移采用的滞后和超前阶数的同等性没有特殊限制，且能保证滤波后的序列不存在任何欠缺项，也可提取时间序列首尾两端的循环要素。CF 全要本长度的非对称滤波数学理论如下：

假设随机过程 x_t 的一个正交分解为：

$$x_t = y_t + \tilde{x}_t \tag{2-5}$$

式中，y_t 表示频率在 $\{(m, n) \cup (-n, -m)\} \in (-\pi, \pi)$ 上的一部分，$\tilde{x}_t$ 表示 y_t 在前述集合的补集，其中 $0 < m \leq n \leq \pi$。

理想的 BP 滤波分解技术 $B(L)$ 可以使得 $y_t = B(L)x_t$，该式中 $B(L) = \sum_{j=-\infty}^{\infty} B_j L_j$，$L$ 表示滞后算子。在这种情况下，该滤波分解技术采用的频域反应函数为 $B(e^{-iw})$，其满足：

$$B(e^{-iw}) = \begin{cases} 1 & w \in (m, n) \cup (-n, -m) \\ 0 & \text{Others} \end{cases} \tag{2-6}$$

假设随机过程 x_t 的一个代表性有限样本为 $x = [x_1, x_2, \cdots, x_n]$，且其总体二阶矩性质已知。进一步假设对 $y = [y_1, y_2, \cdots, y_T]$ 的估计为 $\hat{y}$，则对应的求解问题可表示为：

$$\hat{y} = P[y_t \mid x] \quad t = 1, 2, \cdots, T \tag{2-7}$$

每一个 t 所对应的上述方程的解为已知样本数据的线性方程，即

$$\hat{y}_t = \sum_{j=-f}^{p} \hat{B}_j^{p, f} x_{t-j} \tag{2-8}$$

式中，$f = T - t$，$p = t - 1$，$\hat{B}_j^{p, f}$ 实质上是下面最优化问题的解：

$$\min_{\hat{B}_j^{p, f}, \, j=-f, \cdots, p} E[(y_t - \hat{y}_t)^2 \mid x] \tag{2-9}$$

在这种情况下，定义如下的滤波器：

$$\hat{B}^{p, f}(L) = \sum_{j=-f}^{p} \hat{B}_j^{p, f} L^j \tag{2-10}$$

式中，L 表示滞后算子。在对 $y = [y_1, y_2, \cdots, y_T]$ 进行估计时，考虑到 p 和 f 是随着时间变化的，则可以知道每个时点 t 都采用了不同的滤波。相应地，式（2-9）的最优化问题可以在频域上转化为：

$$\min_{B_j^{p, f}, \, j=-f, \cdots, p} \int_{-\pi}^{\pi} |B(e^{-iw}) - \hat{B}^{p, f}(e^{-iw})|^2 f_x(w) \, dw \tag{2-11}$$

式中，$f_x(w)$ 为 x_t 的谱密度。可以看出，对 $y = [y_1, y_2, \cdots, y_T]$ 的估计依赖 x_t 的时间序列性质，所以在进行滤波操作前应首先通过样本 $x = [x_1, x_2, \cdots, x_n]$ 对随机过程 x_t 的时间序列表示进行考察。

3. Granger 因果检验

（1）传统的线性 Granger 因果检验

Granger 因果检验是由英国的经济学家 Clive W. J. Granger 于 1969 年首次提出的，后经发展完善后被广泛地应用于经济变量间因果关系的分析，其对因果关系的定义是"依赖于使用过去某些时点上所有信息的最佳最小二乘预测的方差"。假定时间序列 $\{X_t, t \geq 1\}$ 和 $\{Y_t, t \geq 1\}$ 都是严格平稳的，如若 X_t 的当期及过去的观测值隐含着 Y_t 未来的信息，则可以说 X_t 是引起 Y_t 变化的 Granger 原因。同样地，若 X_t 的当期值能够被 Y_t 的当期值及过去值所解释，则可以说 Y_t 是引起 X_t 变化的 Granger 原因。X_t 和 Y_t 两者间的线性 Granger 因果关系检验可在 Sims 提出的 VAR（Vector Autoregressive Model）模型框架下进行，具体为：

$$Y_t = \sum_{i=1}^{m} \alpha_i X_{t-i} + \sum_{j=1}^{n} \beta_j Y_{t-j} + \varepsilon_{1t} \tag{2-12}$$

$$X_t = \sum_{i=1}^{p} \kappa_i X_{t-i} + \sum_{j=1}^{q} \gamma_j Y_{t-j} + \varepsilon_{2t} \tag{2-13}$$

其中，α_i、β_i、κ_i 和 γ_i 都是待估计的模型系数，m、n、p 和 q 为最大滞后阶数，ε_{1t} 和 ε_{2t} 为误差项，均服从标准正态分布。在该框架下，可通过考察模型中自回归系数的联合显著性来分析 X_t 和 Y_t 间的因果关系，共分为四种情况：若 α_i 和 κ_i 整体均为零，则 X_t 和 Y_t 互不产生影响；若 α_i 和 κ_i 整体均不为零，则 X_t 和 Y_t 互为 Granger 因果；若 α_i 整体为零，而 κ_i 整体不为零，则 Y_t 是 X_t 的 Granger 原因；若 κ_i 整体为零，而 α_i 整体不为零，则 X_t 是 Y_t 的 Granger 原因。

（2）非线性 Granger 因果检验

经济变量由于容易比较受各种外界因素的冲击，往往表现出复杂的非线性动态变化特征，因而采用线性的 Granger 因果检验难以对经济变量间的联动关系做出全面、准确的描述，得到的检验结果容易出现偏误，故而需要从非线性的角度出发来发觉经济变量间存在的关系，非线性的 Granger 因果检验正是由此发展起来的。Break 和 Brock 于 1992 年率先提出了一种建立在非参数统计量基础上的检验方法，其在估计跨时间的相关概率时利用了积分原理的思想，但在使用时面临较大的限制，它要求被参与检验的时间序列必须满足独立同分布的条件。为放宽这一严格限制，Hiemstra 和 Jones 于 1994 年提出了修正的 H-J 统计量来进行非参检验，其允许被参与检验的时间序列之间可以具有弱依赖性。尽管 H-J 检验极大地发展了非线性 Granger 因果检验，但是 Disks 和 Panchenko 发现由于 H-J 检验没有充分考虑条件分布可能存在的变化，致使其容易遭遇过度拒绝非线性 Granger 因果关系原假设的问题。为弥补这一缺陷，这两位学者于 2006 年基于非参数核密度估计提出了一种新的非参统计量，即 T_n 统计量，这一检验随后被简称为 D-P 检验，其通过调节频率范围来实现条件分布变化的控制，该检验的具体描述如下：

假设有两个严格平稳的时间序列且相互间具有弱依赖性：$\{X_t,\ t \geq 1\}$ 和 $\{Y_t,\ t \geq 1\}$，它们的滞后向量矩阵分别为 $X_t^{l_x} = (X_{t-l_x+1},\ X_{t-l_x+2},\ \cdots,\ X_t)$ 和 $Y_t^{l_x} = (Y_{t-l_x+1},\ Y_{t-l_x+2},\ \cdots,\ Y_t)$，且滞后阶数 l_x 和 l_y 都大于 1。在因果关系的原假设 "X_t 不是 Y_t 的 Granger 原因" 下，X_t 并不包含有关 Y_{t+1} 的信息，用数学语言表示为：

$$H_0 :\ Y_{t+1}\ |\ (X_t^{l_x}:\ Y_t^{l_x}) \sim Y_{t+1}\ |\ Y_t^{l_x} \tag{2-14}$$

令 $W_t = (X_t^{l_x},\ Y_t^{l_y},\ Z_t)$，其中 $Z_t = Y_{t+1}$，去掉上式中的时间项 t 和滞后阶数，$(X,\ Y) = (x,\ y)$ 下 Z 的条件分布与 $Y = y$ 下 Z 的条件分布是等价的。故此，式 (2-14) 可用联合分布密度函数表示为：

$$\frac{f_{X,\ Y,\ Z}(x,\ y,\ z)}{f_Y(y)} = \frac{f_{X,\ Y}(x,\ y)}{f_Y(y)} \times \frac{f_{Y,\ Z}(y,\ z)}{f_Y(y)} \tag{2-15}$$

在该条件下，当原假设成立时，下式 (2-16) 成立。

$$q = E[f_{X,\ Y,\ Z}(x,\ y,\ z)f_Y(Y) - f_{X,\ Y}(X,\ Y)f_{Y,\ Z}(Y,\ Z)] = 0 \tag{2-16}$$

令 $\hat{f}_w(W_i)$ 表示随机向量 W 在 W_i 值处的局部密度函数估计值，即

$$\hat{f}_w(W_i) = (2\varepsilon_n)^{-d_w}(n-1)^{-1}\sum_{j,\ j \neq i} I_{ij}^W \tag{2-17}$$

式中，$I_{ij}^W = I(\|W_i - W_j\|) < \varepsilon_n$，$I(\cdot)$ 表示指标函数，ε_n 表示与样本相关的带宽参数。在该式的基础上，Disks 和 Panchenko 构建了如下式 (2-18) 的 T_n 统计量：

$$T_n(\varepsilon_n) = \frac{n-1}{n(n-2)}\sum_i \left[\hat{f}_{X,\ Y,\ Z}(X_i,\ Y_i,\ Z_i)f_Y(Y_i) - \hat{f}_{X,\ Y}(X_i,\ Y_i)\hat{f}_{Y,\ Z}(Y_i,\ Z_i)\right]$$

$$\tag{2-18}$$

假如 $\varepsilon_n = C_n^{-\beta}(C > 0,\ (1/4) < \beta < (1/3)$，对于一阶滞后$(l_x = l_y = 1))$，$T_n$ 统计量收敛于正态分布，即

$$\sqrt{n}\,\frac{(T_n(\varepsilon_n) - q)}{s_n} \xrightarrow{D} N(0,\ 1) \tag{2-19}$$

式中，$\xrightarrow{D}$ 表示分布收敛，S_n 表示 $T_n(\cdot)$ 渐进方差的估计值。

4. 状态空间模型

状态空间模型（State Space Model，SSM）是一种动态时域模型，可以揭示变量系数的时变规律，其利用卡尔曼滤波（Kalman Filtering）来估计不可观测的时间变量。其中，卡尔曼滤波是因工程控制领域的需要在 20 世纪 60 年代产生的，其凭借线性系统状态方程，在通过对系统输入输出数据的基础上，来实现对系统状态的最优估计。到了 70 年代，随着状态空间模型标准形式的提出，该模型在经济领域得以被接纳和采用，并在 80 年代逐渐成熟，现已成为一种有力的建模工具。状态空间模型的发展得益于"状态"这一概念的提出，经济系统所处的某些状态都是不可观测变量，但正是这些不可观测的变量才真实描述了系统状态的情况，因而称这些不可观测的变量为状态向量。状态空间模型则将这些状态向量包含在内，通过建立可观测变量和系统内部状态之间的联系，来实现对各种不同状态向量的估计，从而达到分析和预测的目的。状态空间模型的构建需要两组方程：一组是量测方程或称为信号方程，可以将所考察系统在某个时点的输出和系统的状态及输入间的关系建立起来；另一组是状态方程，描述的是系统在该时点输入的推动作用下在下一时点所能取得的新的状态。

设定量测方程为：

$$y_t = Z_t \alpha_t + d_t + \mu_t, \quad t = 1, 2, \cdots, T \tag{2-20}$$

式中，T 表示样本期，y_t 表示含有 k 个经济变量的可观测列向量，Z_t 为 $k \times m$ 阶的量测矩阵，α_t 为具有 m 列的状态横向量，可包含不可观测因素，d_t 表示具有 k 行的可观测行向量，可包含外生向量、滞后内生变量等，μ_t 表示具有 k 行的量测噪声行向量，即扰动项，其均值为 0，协方差矩阵为 H_t。

状态向量 α_t 中的元素大多是不可观测的，可以表示成一阶马尔科夫过程，即状态方程。

$$\alpha_t = T_t \alpha_{t-1} + \chi_t + \lambda_t \eta_t \quad t = 1, 2, \cdots, T \tag{2-21}$$

式中，T_t 表示 $m \times m$ 阶的状态矩阵，χ_t 表示 m 维的行向量，为常数，λ_t 表示 $m \times g$ 阶的矩阵，η_t 表示 g 维的状态噪声行向量，即扰动项，其均值为 0，协方差矩阵为 Q_t，且连续不相关。

在依据所研究的问题分别建立起量测方程和状态方程后，采用卡尔曼滤波法对模型参数进行估计，其基本思想是把最小均方误差设为估计的最佳准则，基于构建的状态空间模型，采用"预测-实测-修正"的顺序递推来更新状态变量，得到现时点的估计值。这种估计方法不需要求解积分方程，简便又高效，既可以对平稳随机过程处理，又可应用于非平稳随机过程。

三、变量选取及特征描述

本章主要采用两方面的数据：一是全国及各省份电力消费的数据；二是全国及各省份 GDP 的数据，用以表征经济增长。这两方面的数据皆来自历年来的《中国统计年鉴》《中国能源统计年鉴》以及各省份发布的统计年鉴，GDP 的数据以生产总值指数调整为 2000 年的价格，剔除了价格因素的影响。其中，在对电力消费和经济增长的重心耦合性进行分析时采用的是省级面板数据，而在对电力消费和经济增长的周期协同性及动态交互性进行分析时采用的国家层面的时间序列数据。其中，囿于省级数据的可得性，面板数据的时间跨度为 2006—2017 年，而全国层面的数据较为丰富，时间序列数据的时间跨度为 1980—2017 年。

表 2-2 统计了 2006—2017 年省级电力消费和经济增长数据的特征。从该表可以看出电力消费和经济增长数据的方差均很大，表明不同省份间这两类数据的差异都很大，这也可以从各自最大值和最小值间较大的差距反映出来。此外，采用皮尔逊（Pearson）相关系数检验这两类数据的相关性，结果显示相关程度为 0.9286，这反映了两者具有紧密的关联关系。

表 2-2　　2006—2017 年省级电力消费和经济增长数据的统计特征

变量	均值	方差	最小值	最大值
电力消费（亿 kWh）	1 553	1 178	98	5 959
经济增长（亿元）	12 580	10 926	522	62 039

图 2-1 绘制了 1980—2017 年全国电力消费和经济增长的变化。可以看出，在这一时期，电力消费和经济增长都表现出持续向上的增长态势。分阶段来看，在 1980—1998 年期间两者的增长速度较慢，曲线都较为缓和；而自 1999 年开始，

两者的增长速度都加快，呈现出快速增长的态势。电力消费和 GDP 曲线的相似反映了两者存在一定的相关关系，进一步采用对数据适应性较强的斯皮尔曼（Spearman）相关系数测度两者的相关性，结果显示电力消费和 GDP 的相关程度达到了 1，且在 1% 的水平上高度显著，这表明两者有着极强的相关关系。

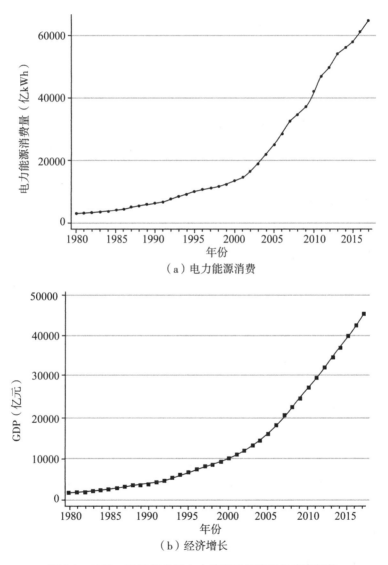

（a）电力能源消费

（b）经济增长

图 2-1   1980—2017 年全国电力消费和经济增长演变趋势

四、电力消费与经济增长的动态关联特征分析

1. 电力消费与经济增长的重心耦合性分析

考虑到人类的各项活动都依存于空间，依附于人类活动的物质流和能源流都是在空间上展开的，存在扩散和积聚现象，相应地便会产生重心问题。鉴于电力消费和经济增长与重力在空间分布上存在的相似性，可类比推出与物理重心形成原理相似的电力消费重心和经济重心，即电力消费重心是指所研究的空间区域内电力消费分布在各个方向上力矩实现平衡的点，而经济中心则是指地理空间区域内经济规模在各个维度维持均衡的点。基于重心模型，以电力消费量和 GDP 为权重，以各省地理重心表示相应省级行政单位的中心坐标，采用 ARCGIS 软件分别测算 2006—2017 年中国的电力消费重心和经济重心。表 2-3 列出了测算得到的电力消费重心和经济重心。此外，为直观形象地反映这两类重心的历时性变化，以重心纬度为横坐标，以重心经度为纵坐标，在图 2-2 和图 2-3 中分别描绘了它们的演变轨迹，并通过对比这两类重心的空间位置、演变轨迹、演变方向、演变速度和演变幅度，分析两者间的时空耦合性。

地理几何中心是区域在空间上的均衡点，全国的地理几何中心落在兰州市，具体坐标为东经 103.83°，北纬 36.05°。通过比较电力消费重心、经济重心与全国地理几何中心的偏离，可以反映电力消费和经济增长在空间分布上的均衡程度。结合表 2-3 可知，全国的电力消费重心和经济重心与地理几何中心并不重合，都位于地理几何重心的东南方向，意味着电力消费和经济增长的分布从地理空间上看都呈不均衡状态。由于经济增长在东西方向上相比在南北方向上更为远离地理几何中心，故而其不均衡分布在东西方向上表现的程度更大。东部沿海省份由于区位优势发展较快，而内陆省份，特别是西部省份发展滞后，GDP 呈现出东高西低的特征，引起经济重心向东偏离地理几何中心。此外，南方省份由于市场经济建立较早、发展较快，其经济发展相比大多依赖于资源发展的北方省份要更具活力，整体上发展规模要更大，速度也更快，GDP 表现出南高北低的特征，带动经济中心向南移动。但是相比较而言，各省份经济发展在东西方向上表现出

的差异要大于南方方向，这也就造成了经济增长在东西方向的不均衡强度更大。与经济重心的分布相同，电力消费重心在东西方向上也相比在南方方向上更为远离地理几何中心，意味着中国东西部省份电力消费的不均衡程度要大于南北方省份电力消费的不均衡程度，这主要源于电力消费与经济发展的密切关联关系导致经济发展程度与电力消费规模大致存在映射关系，经济发展程度越高的省份通常也具有更大规模的电力消费量。在该因素的作用下，电力消费表现出与经济发展相似的分布特征，整体上东高西低、南高北低，进而拉动电力消费重心向东南方向偏离地理几何中心。

表 2-3　　　　　　　　中国电力消费重心和经济重心的变化情况

年份	电力消费重心			经济重心		
	坐标（°E,°N）	移动方向	移动距离/km	坐标（°E,°N）	移动方向	移动距离/km
2006	（114.31, 33.23）	—	—	（115.09, 33.00）	—	—
2007	（114.25, 33.26）	西北	7.21	（115.09, 32.99）	东南	1.45
2008	（114.21, 33.27）	西北	4.35	（115.10, 33.03）	东北	3.48
2009	（114.16, 33.25）	西南	6.42	（115.09, 33.05）	西北	2.84
2010	（114.08, 33.27）	西北	8.72	（115.07, 33.05）	西北	2.15
2011	（113.90, 33.31）	西北	20.31	（115.02, 33.07）	西北	5.90
2012	（113.71, 33.36）	西北	22.07	（114.97, 33.09）	西北	5.60
2013	（113.53, 33.42）	西北	21.12	（114.93, 33.07）	西南	4.31
2014	（113.33, 33.42）	西北	21.39	（114.90, 33.04）	西南	5.11
2015	（113.35, 33.49）	东北	7.61	（114.87, 32.99）	西南	6.22
2016	（113, 40, 33.45）	东南	7.67	（114.83, 32.94）	西南	7.71
2017	（113.53, 33.34）	东南	18.17	（114.80, 32.89）	西南	6.10

具体来看，电力消费重心的地理坐标介于东经 113.33° ~ 114.31°，北纬 33.23° ~ 33.49°，结合图 2-2 可知，其主要在河南省的上蔡县、西平县、舞钢市及叶县移动。依据电力消费重心的变动方向，可将 2006—2017 年间电力消费重心的演变轨迹分成三个阶段：第一阶段（2006—2014 年）为电力消费重心向西北方向迁移，靠近地理几何中心，共计移动距离 111.59km；第二阶段（2014—2015 年）为电力消费重心向东北方向迁移，在南北方向上靠近地理几何重心，

在东西方向上背离地理几何中心,移动距离 7.61km;第三阶段(2015—2017年)为电力消费重心向东南方向迁移,背离地理几何中心,共计移动距离 25.84km。

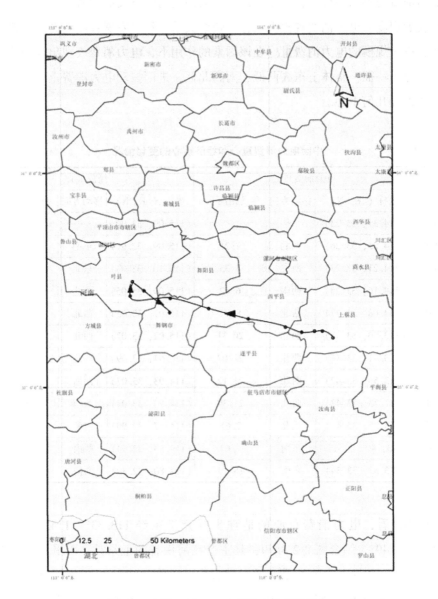

图 2-2 中国 2006—2017 年的电力消费重心

在第二阶段和第三阶段，经济发展都处于新常态阶段，其电力消费重心逐渐偏离地理几何中心，意味着电力消费在空间上的分布不均衡程度在加强，这与近几年复又加剧的电力消费量东高西低的局面有关。从电力消费重心的年均移动速度看，第一阶段最大，为13.95km/年；第三阶段次之，为12.92km/年；第二阶段最小，为7.61km/年。速度的快慢反映了各省电力消费在空间分布上存在的不均衡现象加剧或消除的快慢，其中，第一阶段为加剧，第三阶段为消除。

经济中心的地理坐标介于东经114.80°~115.10°，北纬32.89°~33.09°，从图2-3中可以看出，其主要位于河南省和安徽省的交界县，具体演变轨迹为临泉县—沈丘县—临泉县—平舆县—新蔡县。依据经济重心的变动方向，可将2006—2017年间经济重心的演变轨迹划分为三个阶段：第一阶段（2006—2007年）为经济重心由东南向东北方向移动，在南方方向接近地理几何中心，而在东西方向远离地理几何中心，共计移动距离4.93km；第二阶段（2007—2012年）为经济重心向西北方向移动，逐渐靠近地理几何中心，共计移动距离16.48km；第三阶段（2012—2017年）为经济重心向西南方向移动，在东西方向接近地理几何中心，而在南方方向远离地理几何中心，共计移动距离29.46km。在第三阶段，经济处于新常态发展中，受世界经济疲软的影响，以外向型经济为特征的东部省份增速放缓，而中西部省份在国家区域政策的扶持和鼓励下，释放了投资和消费的潜力，经济呈现出向好发展的态势。此外，北方省份尤其是东北省份在全国经济结构转型升级的压力下，资源依赖型经济失去了以往的活力，相反南方省份经济市场活力的进一步释放加速了其增长速度，高于北方。在这些因素的共同作用下，经济重心向西南方向移动。从经济重心的年均移动来看，第三阶段最大，为5.89km/s；第二阶段次之，为4.12km/s；第一阶段最小，为2.46km/s。在经济新常态阶段，经济重心加速向西南方向的偏离有利于在东西方向缓解各省经济发展的差距，同时也应加快北方地区经济的调整和发展，以缩小各省经济发展在南北方向的差距，使得经济重心趋于地理几何中心。

整体而言，电力消费重心和经济重心的维度轨迹表现出趋同性，都向低纬度地区移动，但其经度轨迹表现出相异性，其中电力消费重心向高经度地区移动，而经济重心向低经度地区移动。为定量分析电力消费重心和经济重心的耦合态

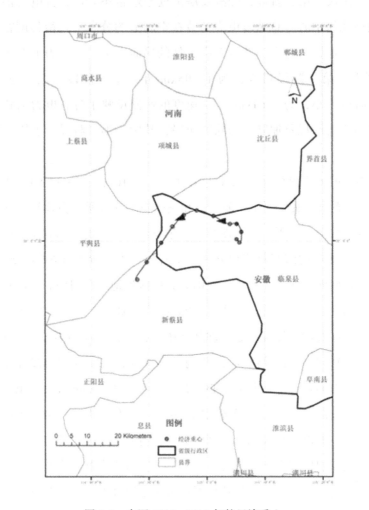

图 2-3　中国 2006—2017 年的经济重心

势，分别测算这两类重心在空间分布上的重叠性和其变动移轨迹的一致性。

空间重叠性考察的是电力消费重心和经济重心间距离的变动，距离越近，则其重叠性越高。图 2-4 呈现了电力消费重心和经济重心间距离随时间的变动，可以看出，在 2006—2014 年，电力消费重心和经济重心的距离越来越远，即电力消费重心和经济重心的空间重叠性越来越差；而在 2014—2017 年的经济新常态发展阶段，电力消费重心和经济重心的距离在缩减，意味着电力消费重心和经济重心的空间重叠性越来越高。

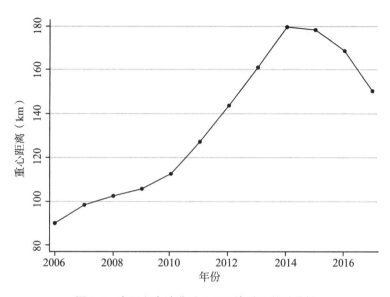

图 2-4　中国电力消费重心和经济重心的重叠性

变动轨迹的一致性考察的是电力消费重心和经济重心相比上一年度发生位移的交角，角度范围为 0°~180°，角度越大，则这两类重心的一致性越差。为便于度量，采用交角的余弦值来反映，该值处于 -1~1，值为 1，则表示电力消费重心和经济重心变动呈完全一致的方向，值为 -1 则表示其变动呈完全相反的方向。图 2-5 展示了电力消费重心和经济重心位移交角的变化，可以看出，除 2007 年、2013 年和 2014 年外，电力消费重心和经济重心的交角余弦值均小于 0，这反映了两者变动的发散式发展，呈反方向变化，特别是 2008 年，交角余弦值接近 -1，这表明两者的变动方向几乎完全相反。

2. 电力消费与经济增长的周期协同性分析

（1）单位根检验

从保证分解的完整及精确的角度出发，本书予以采用 CF 全样本长度的非对称滤波对时间序列进行去趋势化处理。在采用 CF 滤波法对电力消费序列和 GDP 序列的周期性波动成分进行提取前，首先需要对序列的平稳性进行检验，即单位根检验。常用于时间序列平稳性分析的单位根检验方法大致可以分为两类：参数

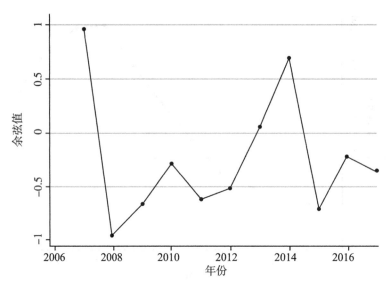

图 2-5　中国电力消费重心和经济重心的变动一致性

检验方法和非参数检验方法。前一种方法是建立在模型设定和参数估计基础上的，典型的如 DF（Dickey-Fuller t-test）检验、ADF（Augmented Dickey-Fuller test）检验以及 PP（Phillips-Perron test）检验等。其中，PP 检验除涉及模型设定和参数估计外，还包含误差项长期方差的估计，实质上是一种半参数的检验方法。后一种方法与前一种方法相反，差别在于在检验中并没有涉及模型的设定和参数的估计，典型的如 KPSS（K Waitkowski-Plilips-Schmidt-Shin）检验。为提高检验结果的可信性，联合参数方法和非参数方法对由历年来电力消费和 GDP 形成的时间序列分别进行单位根检验，且为避免异方差的干扰在检验前对这两个变量都进行了自然对数化处理，检验结果如表 2-4 所示。其中，ADF 检验滞后阶数的选择采用的 AIC 信息准则，而 PP 检验和 KPSS 检验滞后阶数的选择依据的是 Bartlett kernel 准则。此外，除 KPSS 检验的原假设设置的是时间序列是平稳的外，其余三种检验方法的原假设都是时间序列存在单位根。从检验结果可以看出，电力消费和 GDP 的原序列都存在单位根，而通过一阶差分转换后，它们都通过了显著性检验，不存在随机趋势或确定趋势了，即都变成了一阶单整序列。

表 2-4　　　　　　　　　　　　单位根检验结果

变量	DF 检验	ADF 检验	PP 检验	KPSS 检验
E	0.235	−2.185	−1.815	0.163[**]
ΔE	−2.923[**]	−2.912[**]	−3.027[**]	0.172
GDP	−1.226	−2.223	−1.815	0.083
ΔGDP	−3.119[**]	−4.055[***]	−3.429[***]	0.147

注：***、**、*分别表示1%、5%和10%的显著性水平。

上述单位根检验方法都设定模型中确定性趋势的系数和误差项的方差都保持不变，但这一假定存在其局限性，环境的改变、政策的制定等都能对其产生冲击，导致变量存在结构变化，扰乱假定的成立。鉴于此，有必要采用考虑结构变化的单位根检验对电力消费和 GDP 的平稳性进行进一步的分析。表 2-5 汇报了 CMR[150]（Clemente-Montanes-Reyes）检验的检验结果，该检验允许序列中存在两个结构断点。从结果可知，在考虑结构断点后，电力消费和 GDP 的原序列都通过显著性检验，拒绝了存在单位根的原假设，是平稳序列，继而其一阶差分也是平稳的，这进一步验证了电力消费和 GDP 都是一阶单整的结论。

表 2-5　　　　　　　　考虑结构断点的单位根检验结果

变量	T 统计量及断点位置	
E	8.742[***] （1994）	8.204[***] （2006）
ΔE	3.377[***] （2001）	−3.209[***] （2009）
GDP	9.337[***] （1994）	7.322[***] （2006）
ΔGDP	−2.178[**] （2013）	--

注：***、**、*分别表示1%、5%和10%的显著性水平。

（2）电力消费和 GDP 的 CF 滤波分解分析

考虑到电力消费和 GDP 在水平条件下皆为非平稳序列，在 CF 滤波操作中，选择随机游走的 I（1）形式，去除趋势的方法采用漂移调整法（Drift adjust），波动周期的范围设定为［4，8］，滤波分解结果见图 2-6。

可以看出，经 CF 滤波分解后，电力消费和 GDP 提取出的低频非周期波动成分显示，在研究考察期内电力消费和 GDP 都表现出持续增长的趋势；进一步过滤掉高频随机扰动后，电力消费和 GDP 剩余的中频周期波动成分显示，在研究考察期内电力消费和 GDP 都呈现出明显的周期循环特征。其中，电力消费在2009 年出现最大的波谷，在 2012 年出现最大的波峰；而 GDP 在 1991 年出现最大的波谷，在 1993 年出现最大的波峰。在依据峰-峰法对电力消费和 GDP 的周期成分进行波动周期划分后，可以发现，在研究考察期内，电力消费共经历了 5 个完整的周期，且正在形成第 6 个周期，处于上升持续阶段；而 GDP 则共经历了 6个完整的周期，且正处于第 7 个周期的形成过程中，为下降回落阶段。

两序列周期具体的划分结果如表 2-6 所示，其显示每个周期的持续时间和波动特征皆存在差异。从平均周期来看，电力消费和 GDP 分别为 6.6 年和 6 年，极为接近。这两个数值均略微大于中国国民经济和社会发展规划和能源发展规划实施的五年时间，说明了电力消费和经济增长周期与周期之间的循环频率要慢于经济与能源发展规划之间的衔接频率，这在一定程度上证明了中国发展规划实施时间的科学性和合理性，提前制定规划有利于指导国民经济和能源产业的发展。

序列周期的收缩长度反映了指标处于下降持续期时经历的时间跨度，而扩张长度反映了指标处于上升持续期时经历的时间跨度。在不同的周期里，电力消费的收缩长度均不小于扩张长度，尤其是在 1980—1988 年的周期中收缩长度为扩张长度的两倍，这表明电力消费的周期具有非对称的性质；而 GDP 除在 1994—2001 年的周期中收缩长度小于扩张长度外，其余周期的收缩长度均也不小于扩张长度，绝大多数周期的扩张长度与收缩长度相当，这表明经济趋热和趋冷的时间大致相同。

序列周期的均值反映了时间序列在发展深度方面表现出的特性。电力消费的均值除在 1989—1994 年的周期中为负值外，其余周期里皆为正值，表明该时间序列往上的平均偏移量要大于往下的平均偏移量，即在发展深度方面呈现出非对

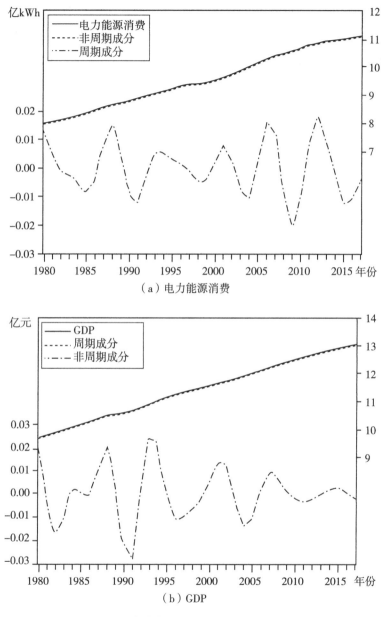

（a）电力能源消费

（b）GDP

图 2-6　电力消费和 GDP 的 CF 滤波分解结果

称性的特征；而 GDP 的均值为正和为负的周期数相同，相比电力消费在发展深度方面的均衡性要强。

序列周期的标准差反映了该序列围绕长期趋势上下波动的程度，比较不同周期，可以发现电力消费的标准差首先递减然后递增，即其波动程度先变弱后变强；而 GDP 的标准差随着周期的推进，先由 1980—1984 年的 0.012983 下降到 1985—1988 年的 0.008538，随后在上涨到 1989—1993 年的 0.019171 后处于递减趋势，即其波动程度在减弱。比较电力消费和 GDP 的标准差，可知 GDP 的波动程度要大于电力消费。波幅也称振幅，是指时间序列上下波动的离差，也是波动程度的一种反映指标。电力消费的波幅整体上来说是变大的，而 GDP 的波幅却是变小的。

表 2-6　　　　　　　　　　　电力消费和 GDP 的周期划分

变量	周期	收缩长度	扩张长度	均值	标准差	波幅
电力消费	1980—1988	6	3	0.001968	0.008582	0.023879
	1989—1994	3	3	−0.001520	0.007523	0.018275
	1995—2001	4	3	0.000529	0.004254	0.013079
	2002—2006	3	2	0.000361	0.009562	0.026896
	2007—2012	3	3	0.0001050	0.014282	0.039877
	2013—2017					
GDP	1980—1984	3	2	−0.001680	0.012983	0.038135
	1985—1988	2	2	0.006926	0.008538	0.022126
	1989—1993	3	2	−0.004340	0.019171	0.052546
	1994—2001	3	5	0.000827	0.010649	0.025280
	2002—2007	3	3	−0.000920	0.009801	0.026540
	2008—2015	4	4	0.000363	0.003455	0.011130
	2015—2017					

（3）电力消费和 GDP 的周期协同性分析

对比电力消费周期和经济增长周期，可以看出两者确实存在一定的同步性，但是也可以发现两者峰谷出现的时间点大多不同，这说明两者的同步性也存在差异。为具体量度电力消费周期和经济周期的协同程度，在此借鉴 Harding&Pagan（2006）提出的方法，采用如下构建的一致性指数 I_{xy} 来反映。

$$I_{xy} = \frac{1}{T} \sum_{t=1}^{T} [k_t^x k_t^y + (1 - k_t^x)(1 - k_t^y)] \tag{2-22}$$

式中，x 和 y 分别表示电力消费和经济增长分解出的周期序列，当它们处于

上升持续期时，取值为 1，即 $\begin{cases} k_t^x = 1 \\ k_t^y = 1 \end{cases}$；当它们处于下降持续期时，取值为 0，即

$\begin{cases} k_t^x = 0 \\ k_t^y = 0 \end{cases}$。$T$ 表示时间序列长度，$t = 1, 2, \cdots, T$。

从上述公式可以看出，一致性指数 I_{xy} 实质上是计算两个序列同时处于上升持续期或下降持续期占整个时间序列长度的比例来量化它们的同步性程度。若该指标值越趋于 1，表明这两个序列的周期协同程度越高；若该指标值越趋于 0，表明这两个序列的逆周期性越强。表 2-7 汇报了测度电力消费周期和经济周期协同程度的一致性指数计算结果。从该表可知，在整个全样本期间电力消费和 GDP 得到的一致性指数为 0.6318，表明电力消费周期和经济周期具有协同性，但这种协同程度并不高。造成这一现象的可能原因是电力消费在整个能源消费结构中的比例并不是很高，这主要受限于中国以煤为主的能源资源禀赋，电力能源对经济的支撑作用并未完全凸显。从分阶段的计算结果来看，可知电力消费周期和经济周期的协同性主要在 1980—2011 年区间，一致性指数在 0.7 以上；而在 2012—2017 年，即现阶段的经济新常态阶段，电力消费和经济增长表现出较强的逆周期性，这与这一时期经济的转型，追求高质量化增长有关，经济增长对电力消费的依赖性减弱。

表 2-7　　　　　　　　　　　一致性指数计算结果

时间区间	1980—2017	1980—2011	2012—2017
一致性指数	0.6318	0.7188	0.1667

3. 电力消费与经济增长的动态交互性分析

（1）协整检验

尽管采用差分转换消除了电力消费和 GDP 的非平稳趋势，但同时也失去了

这些变量原有的长期信息，不具备直接的经济意义，这会导致基于差分序列所建立的模型难以解释，因此有必要考察电力消费和 GDP 两者间的长期均衡关系，即开展协整检验。由于只涉及两个变量，且都是一阶单整的，在此采用 EG（Engle-Granger）两步协整检验法对电力消费和 GDP 的协整关系检验，该方法建立在二元方程基础上，其实质是对回归产生的残差序列进行单位根检验，具体检验结果呈现在表 2-8 中。可以看出，T 统计量通过了显著性检验，拒绝了存在单位根的原假设，表明回归得到的残差序列是平稳的，则电力消费和 GDP 两者间存在长期稳定的协整关系。

表 2-8　　　　　　　　　　协整检验结果

检验方法	T 统计量	1%临界值	5%临界值	10%临界值
EG 检验	−2.961**	−3.689	−2.975	−2.619

注：在 EG 检验中，第二步是采用的 ADF 检验进行的单位根检验。

（2）线性和非线性 Granger 因果检验

协整检验只能回答电力消费和 GDP 间是否存在长期均衡关系，无法判断出到底是谁的变化引起了谁的变化，因此有必要开展 Granger 因果检验。首先采用传统的线性 Granger 因果检验分析两者间的因果关系，结果呈现在表 2-9 中。由于滞后阶数的选择会对检验结果产生影响，为提高检验功效，汇报了滞后阶数从 1~5 的结果。可以看出，无论滞后阶数长短，这两者间都不存在线性的因果关系，相互独立，电力消费既不是 GDP 的 Granger 原因，GDP 也不是电力消费的 Granger 原因。

表 2-9　　　　　　　　　　线性 Granger 因果检验结果

滞后阶数	H0：E 不是 GDP 的线性 Granger 原因			H0：GDP 不是 E 的线性 Granger 原因		
	F 统计量	P 值	是否因果关系	F 统计量	P 值	是否因果关系
1	0.25	0.6176	否	1.49	0.2314	否
2	1.70	0.1992	否	1.17	0.3234	否
3	0.87	0.4698	否	1.12	0.3570	否

滞后阶数	H0：E 不是 GDP 的线性 Granger 原因			H0：GDP 不是 E 的线性 Granger 原因		
	F 统计量	P 值	是否因果关系	F 统计量	P 值	是否因果关系
4	0.74	0.5751	否	1.23	0.3250	否
5	0.97	0.4556	否	0.85	0.5293	否

考虑到经济变量间的关系大都是以非线性的形式存在，采用线性 Granger 因果检验可能会造成结果的偏差，故而有必要采用非线性的 Granger 因果检验进一步验证。在开展该检验前，需要先对电力消费和 GDP 的非线性关系进行检验，在此基于拉姆齐提出的回归设定误差检验，即 Reset 检验，验证两者间非线性关系的存在，表 2-10 显示了其检验结果。从该表可以看出，无论是选择 GDP 作为自变量还是电力消费作为自变量进行线性回归，汇报的 F 统计量都在 1% 的水平上拒绝了两者间线性关系的设定，这表明电力消费和 GDP 间存在非线性的关系。

表 2-10 **Reset 检验结果**

GDP 为自变量		E 为自变量	
F 统计量	P 值	F 统计量	P 值
20.47	0.0000	22.18	0.0000

在经过线性模型过滤掉变量间的线性依存成分后，对电力消费和 GDP 的过滤残差开展 D-P 非线性 Granger 因果检验，结果如表 2-11 所示。为避免信息遗失太多，滞后阶数选择 2 阶。此外，考虑到检验结果对带宽 ε_n 的选择比较敏感，同时汇报了带宽 ε_n 为 0.5、0.6、0.7、0.8 的结果。从表中可以看出，在电力消费不是 GDP 的非线性 Granger 原因原假设下，无论带宽 ε_n 选择多少，T 统计量都通过了显著性检验，拒绝了原假设，故而可认为电力消费是引起 GDP 变化的 Granger 原因。而在 GDP 不是电力消费的 Granger 原因原假设下，T 统计量都没能通过显著性检验。与线性 Granger 因果检验的结果不同，D-P 非线性 Granger 因果检验证实了从电力消费到 GDP 的单向 Granger 因果关系，结果更为可靠。

表 2-11　　　　　　　　　　　**非线性 Granger 因果检验结果**

带宽 ε_n	H0：E 不是 GDP 的非线性 Granger 原因		H0：GDP 不是 E 的非线性 Granger 原因	
	T 统计量	P 值	T 统计量	P 值
0.5	1.429	0.077	1.031	0.151
0.6	1.445	0.074	1.034	0.151
0.7	1.294	0.098	0.756	0.225
0.8	1.308	0.095	0.741	0.229

（3）电力消费和经济增长的动态关联

由前文开展的协整检验可知，电力消费和 GDP 都是一阶单整的，符合构建状态空间模型的条件。考虑到电力消费是 GDP 变化的 Granger 原因，在此以 GDP 为因变量，状态变量服从一阶自回归 AR（I）过程，构建空间状态模型，考察电力消费对 GDP 的动态效应。模型的形式如下：

量测方程：

$$\ln GDP_t = SV_t \ln E_t + \mu_t \qquad (2-23)$$

状态方程：

$$SV_t = \beta SV_{t-1} + c + \eta_t \qquad (2-24)$$

式中：E 表示电力消费，SV_t 表示状态变量，是随时间变化的不可观测变量，反映各个时点上 GDP 对电力消费的敏感弹性，β 为状态变量的转移系数，c 为常数，μ_t 和 η_t 为相互独立的扰动项，均服从均值为 0，方差为常数的正态分布。采用卡尔曼滤波法对构建的单变量状态空间模型进行估计，结果如表 2-12 所示：

表 2-12　　　　　　　　　　　**状态空间模型估计结果**

	系数	标准差	Z 统计量	P 值
μ_t	−12.99952	0.342261	−37.98133	0.0000
η_t	−12.00012	0.001151	−10427.25	0.0000
c	1.199954	0.000506	2369.447	0.0000
β	0.119962	0.000450	266.6465	0.0000

续表

	一步向前预测值	均方根误差	Z 统计量	P 值
SV_t	1.341076	0.002479	541.0507	0.0000
极大对数似然估计值	−67474.46	AIC 准则		3551.498
参数	4	Schwardz 准则		4853.670
初始扩散系数	0	HQ 准则		4853.559

从表2-12可以看出，模型中各参数的估计值都通过了 t 检验，对应的 P 值均小于0.01，即在1%的水平上高度显著。对模型残差的单位根进行检验显示其为平稳序列，表明空间状态模型的设定是正确的。

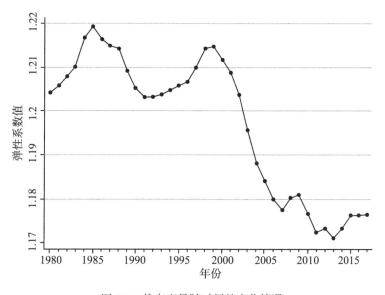

图 2-7　状态变量随时间的变化情况

图2-7给出了状态变量随时间的变化情况，其反映了电力消费对 GDP 的动态效应。整体来看，GDP 对电力消费的弹性数值一直为正，表明电力消费的增加对 GDP 增长有正向促进作用。影响程度的波动区间为 [1.17100，1.21671]，按大小可大致分为五个阶段。第一阶段为1980—1985年的快速增长阶段，弹性系数值由1980年的1.20413上升到了1985年的1.21671，电力消费对 GDP 的促进作

用得到加强；第二阶段为 1985—1991 年的快速下降阶段，弹性系数值下降到了 1991 年的 1.20315，电力消费对 GDP 的促进作用在减弱；第三阶段为 1991—2000 年的缓慢增长阶段，弹性系数值反弹到了 2000 年的 1.21159；第四阶段为 2000—2013 年的急剧下降阶段，弹性系数值快速下降到了 2013 年的 1.17100，电力消费对 GDP 的促进作用在有大幅度地衰减，其中，在 2007—2009 年以及 2010—2011 年弹性系数值有小幅度的反弹；第五阶段为 2013—2017 年的平稳阶段，对应着经济发展的新常态阶段，弹性系数值稳定在 1.17600 左右，即电力消费对 GDP 的促进作用保持稳定。

五、本章小结

本章聚焦中国电力消费与经济增长的动态关联特征，构建重心模型解析了电力消费重心和经济增长重心的耦合性，利用 CF 滤波分解技术分析了电力消费周期和经济增长周期的协同性，采用 Granger 因果检验和状态空间模型探究了电力消费和经济增长的动态交互性，得出了如下主要结论：

（1）与全国的自然地理中心相比，电力消费重心和经济重心与其并不重合，皆位于其东南方向，反映了两者在地理空间分布上的不均衡性，且两者在东西方向上的不均衡程度均大于在南北方向上的不均衡程度。从演变轨迹看，电力消费重心和经济重心的维度轨迹表现出趋同性，都向低纬度地区移动，但其经度轨迹表现出相异性，其中电力消费重心向高经度地区移动，而经济重心向低经度地区移动。

（2）电力消费和经济增长皆表现出明显的周期波动性，且周期长度接近，分别为 6.6 年和 6 年。电力消费周期收缩长度均不小于扩张长度，表现出非对称性，且其往上的平均偏移量要大于往下的平均偏移量，在发展深度方面也存在非对称性；而经济周期在左右和上下方面的均衡性均要强于电力消费周期。从标准差和波幅来看，经济周期的波动程度要大于电力消费周期。构建的一致性指数反映出电力消费和经济增长表现出一定的周期协同性，但在经济新常态阶段两者呈逆周期性。

（3）协整检验表明电力消费和经济增长存在稳定的长期均衡关系。线性

Granger 因果检验表明电力消费和经济增长间不存在 Granger 因果关系，但是线性 Granger 因果检验假设两者间存在线性关系，不符合现实，进一步采用非线性 Granger 因果检验表明存在从电力消费到经济增长的单向 Granger 因果关系。状态空间模型显示电力消费的增加能够促进经济的增长，且该促进效应随着时间的变化而变化，整体而言是研究考察期内是减少的，但在经济新常态阶段弹性系数值稳定在 1.17600 左右。

本章在政策上所给予的启示有：第一，要着重解决经济发展和电力消费存在的区域不平衡问题，推动经济重心和电力消费重心向地理几何中心靠近，东南地区应发挥其地理位置及经济优势，促进其产业升级，西北地区应结合其资源禀赋条件，承接能源以及资本密集型企业向该地区转移，促进其经济增长和电力发展。第二，经济发展政策和电力发展政策要同步推进，推动经济增长和电力产业的协同性发展，经济增速的提升并不意味着高质量发展，高质量发展也并不意味着电力消费增速减档增长，不以电力消费的低速增长而损害经济的发展。第三，以经济结构的优化调整为导向，根据产业结构差异科学调整电力消费政策，加快第二产业的去重型化和去耗能化，优化其内部结构，提高电力在其能源结构中的份额，顺应电力消费主要动力向第三产业和居民生活消费转变的局面，提高其消费效率。

第三章　新常态下电力消费的年均增速放缓特征分析

为探究中国电力消费年均增长速率放缓的原因，本章首先在分别追溯2000—2016年期间中国电力消费和GDP增长速度的变化历程基础上，从脱钩弹性的角度刻画电力消费和GDP增长速度间关系的动态演变；然后，对这一时期中国电力消费的年增长速率进行累积和CUSUM检验，判断其是否存在结构断点；最后，在编制历年来中国电力能源投入产出可比价序列表的基础上，构建中国电力消费影响因素分析的多因素结构分解模型，解析不同经济发展阶段下中国电力消费增长的动力来源，分析和比较经济旧常态和新常态下各影响因素的作用机制。

一、特征的事实性表现

作为一国或地区经济发展的"方向标"和"晴雨表"，电力消费量的增长速度变化在一定程度上反映了其经济发展的快慢与好坏；反过来，经济形势的变化也会影响其电力消费量的变动情况。电力消费和经济发展间的这种密切相关关系长期以来受到学术界和工业界的广泛关注，尤其是对在某些情况下电力消费和经济发展间出现的背离现象。即受某些因素的制约或影响，电力消费增长速度和经济增长速度表现出"比例失调"，甚至发生完全相反的变动趋势。中国的电力消费随其快速发展的经济呈现出高速增长的态势，在2000—2011年时期年均增长速率维持在10%以上。但在中国经济自2012年步入新常态以来，其GDP增速由"高速"转向"中高速"的同时，电力消费也改变了以往高速增长的模式，减档增长。2012—2016年，中国电力消费的年均增长速率仅保持在5%左右，相比前一阶段下降程度达 50% 以上，而 GDP 的年均增长速率相比前一阶段下降程度还不到 30%。中国电力消费和 GDP 年均增长速率下降比例的明显差异反映了其增长速度的不一致，已呈现出显著的背离，特别是 2015 年 GDP 的增长速率为 6.90%，而电力消费的增长速率仅为 2.90%，这是自 1998 年以来的中国历史最低电力消费增长速率。为揭示中国电力消费和经济增速在新常态以来表现出"脱钩"态势的原因及科学研判未来电力消费增长速率的变化趋势，本章从电力消费增速放缓的视角切入，探讨其背后隐藏的机理。

二、电力消费年均增速放缓原因分析的模型

本节旨在构建用以研究电力消费年均增速放缓的综合分析模型，首先将物理学中的脱钩概念引入到能源经济领域，介绍 OECD 脱钩因子和 Tapio 脱钩弹性指数这两种用以量度电力消费和经济增长间脱钩关系的方法；接着，在测算电力消费历年来的增长率基础上，提出采用累积和 CUSUM 检验判定其是否存在结构断点；最后，在电力能源投入产出分析的基础上，构建电力消费的多因素结构分析模型，以比较不同经济阶段各因素的作用机制，解析电力消费的增长模式。

1. 脱钩模型

脱钩的概念来自物理学，旨用以表达原本存在于两个或多个物理量间的响应关系出现弱化甚至消失。由于这一概念的通俗易懂、贴近实际，被众多学者借鉴和推广到了其他领域，特别近年来是在能源-环境-经济领域得到了极大地拓展及应用。在这里，脱钩被用来描述经济增长与电力消费耦合关系的破裂，也就是电力消费和经济增长的不一致，它通过简单数量关系反映电力消费和经济发展的关系并进行时间序列数据的纵向对比。目前，量度和评价不同变量间脱钩关系的研究方法主要有两种：一种是 OECD 脱钩因子；另一种是 Tapio 脱钩弹性指数。

（1）OECD 脱钩因子

OECD 脱钩指标是指由经济合作与发展组织（Organization of Economic Cooperation and Development，OECD）提出的，借以研究农业政策及其贸易与市场之间关联关系的一种评价指标。该指标定义为阻隔经济驱动力与资源环境压力

之间的相互联系，具体而言，指经济增长不再以自然资源的大量消耗或生态环境的退化为发展代价。用以评估电力消费和经济发展两者间脱钩状况的 OECD 脱钩因子可具体定义如式（3-1）和式（3-2）所示：

$$D_r = \frac{ELE_T}{GDP_T} / \frac{ELE_0}{GDP_0} \tag{3-1}$$

$$D_f = 1 - D_r \tag{3-2}$$

式中，D_r 指脱钩比率，D_f 指脱钩因子；ELE_T 指考察期期末的电力消费量，ELE_0 指期初的电力消费量；同理，GDP_T 和 GDP_0 分别指考察期期末和期初的国内生产总值。若 D_r 值<1，则该考察期电力消费和经济增长出现脱钩，此时 D_f 值>0；当 D_r 值>1，则该考察期电力消费和经济增长未出现脱钩，即为耦合，此时 D_f 值<0。

尽管 OECD 脱钩因子计算简便，但其只能判别脱钩和非脱钩两种情形，并不能反映脱钩的程度和区分脱钩的类型。此外，该指标对基期的指定具有高度的敏感性，期初年份选择的不同会导致不同测度结果的产生。

（2）Tapio 脱钩弹性指数

Tapio 脱钩弹性指数是指由芬兰学者 Tapio 在开展欧洲交通运输量与经济发展关系研究时提出的一种衡量脱钩类型和脱钩程度的一种评价指标。该指标立足于经济学上的弹性概念，综合考虑变量的相对量和绝对量，从变量增长率的角度重新赋予脱钩新的定义，使其不受时间的制约。用以评估电力消费和经济发展两者间脱钩状况的 Tapio 脱钩弹性指数可具体定义为式（3-3）：

$$D_t = \frac{\%\Delta ELE}{\%\Delta GDP} = \frac{\Delta ELE/ELE}{\Delta GDP/GDP} \tag{3-3}$$

式中，D_t 指脱钩弹性系数；ΔELE 指期末与期初相比，电力消费量的变化量，ELE 指期初的电力消费量，$\%\Delta ELE$ 指期末与期初相比，电力消费量的变化率；同理，ΔGDP 指期末与期初相比，国内生产总值的变化量，GDP 指期初的国内生产总值，$\%\Delta GDP$ 指期末与期初相比，国内生产总值的变化率。

参照 Tapio 的经典模型，根据计算出的脱钩弹性数值，可将经济增长和电力消费的脱钩关系划分为 8 种情形，具体如图 3-1 所示。

当脱钩弹性指数位于 0.8~1.2 时，可大致认为 GDP 和电力消费量是同步变化的，呈挂钩状态，当 GDP 正向增长时为扩张挂钩，当 GDP 是负向增长时为衰

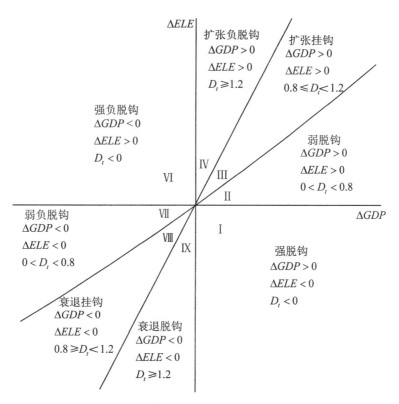

图 3-1　Tapio 脱钩弹性指数脱钩程度判定标准

退挂钩。当脱钩弹性指数不在 0.8~1.2 范围时，可大致认为 GDP 和电力消费间呈脱钩状态，GDP 增长快于电力消费量增长或电力消费量减少快于 GDP 减少时为正脱钩，电力消费量增长快于 GDP 增长或 GDP 减少快于电力消费量减少时为负脱钩。在正脱钩情况下，当脱钩弹性指数位于 0~0.8 时为弱脱钩，低于 0 时为强脱钩，超过 1.2 时为衰退脱钩；在负脱钩情况下，当脱钩弹性指数位于 0-0.8 时为弱负脱钩，低于 0 时为强负脱钩，超过 1.2 时为扩张负脱钩。

2. 累积和 CUSUM（Cumulative Sum Test）检验

累积和检验（Cumulative Sum Test，CUSUM）是回归诊断中经典的用以参数稳定性检验的方法，用于考察时间序列是否发生结构突变。该检验采用滚动分析的思想，基于递归残差由前至后构建一系列统计量值，分析随着时间的推移检验统计量值的变化情况。若时间序列不存在结构突变点，检验统计量应落入对应的渐进临界线内，其样本均值接近零均值，而当时间序列存在结构突变点时，检验统计量将背离零均值且越过渐进临界线。CUSUM 检验统计量的构建过程如下：

考虑一般的线性时变回归模型：

$$y_t = x_t'\beta_t + e_t \qquad t = 1, \cdots, T \tag{3-4}$$

式中，y_t 为独立因变量，x_t 为自变量矩阵，β_t 为回归系数，e_t 为独立同分布的误差项。

可基于迭代残差构建 CUSUM 检验，其中迭代残差是指在递归滚动检验中，通过前面样本对后续样本进行预测的一步误差，计算公式为：

$$e_t^{rec} = \frac{y_t - x_t'\hat{\beta}_{t-1}}{\sqrt{1 + x_t'(X_{t-1}'X_{t-1})x_t}} \qquad t = k+1, \cdots, T \tag{3-5}$$

式中，$\hat{\beta}_{t-1}$ 是前 $t-1$ 个样本进行回归后得到的系数，X_{t-1}' 为前 $t-1$ 个样本下的自变量矩阵，$X_{t-1}' = (x_1, \cdots, x_{t-1})$。原假设为模型不存在结构突变点，即回归系数 β_t 为常数，用数学语言表示为 $H_0: \beta_t = \beta$，$\forall t$；备择假设为回归系数 β_t 不恒为某一常数，即存在某个时点 t^*，使得 $H_1: \beta_t = \begin{cases} \beta_1, & t \le t^* \\ \beta_2, & t > t^* \end{cases}$。

在原假设下，序列 $\{e_t^{rec}\}$ 是独立同分布的，检验统计量可构建如式（3-6）所示：

$$C_t^{rec} = \frac{1}{\hat{\sigma}} \sum_{j=k+1}^{j=t} e_j^{rec} \tag{3-6}$$

式中，$\hat{\sigma}^2 = \{1/(T-k)\} \sum_{t=k+1}^{T} (e_t^{rec} - \bar{e}_t^{rec})^2$，序列 C_t^{rec} 的渐近分布为 $t = k+1$ 时刻从 0 开始的布朗运动，该过程均值为 0，方差为 $t-k$。

3. 电力消费的多因素结构分解模型

（1）能源投入产出表的结构

投入产出分析（Input-Output analysis）是由美国经济学家、诺贝尔经济学奖获得者瓦西里·里昂惕夫（Wassily Leontief）在研究美国经济系统中投入与产出间存在的数量关系时于 1936 年率先提出的。该技术是以编制的投入产出表为基础，通过建立与之相对应的反映各部门间相互联系的平衡关系式，用以研究国民经济系统各部门间在产品生产或价值创造过程中生产和消耗之间的数量依存关系，既包括直接联系，又包括间接联系。其中，编制的投入产出表类似一张棋盘式的表格，该表格汇总整合了国民经济系统所有部门的投入和产出，既可以用实物表示，也可以用价值来衡量；建立的平衡关系式是后续构建投入产出数学模型，进行矩阵运算的基础，既可以从横向建立，也可以从纵向建立。投入反映的是产品生产或价值创造过程中所消耗的各项投入要素，如原材料、燃料、动力、固定资产折旧和劳动力等；产出反映的是各部门产品数量或价值的分配流动去向。

表 3-1   能源投入产出表的结构

投入 产出		中间需求				最终需求				总产出
		1	2	…	n	消费	投资	净出口	其他	
中间投入	1	Z_{ij}				F_i				X_i
	2									
	…									
	n									
最初投入		V_j								
总投入		X_j								
能源投入	1	E_{kj}				H_{ky}				E_k
	2									
	…									
	k									

能源投入产出分析是以投入产出技术的产生为依托发展起来的，是其在能源领域的拓展应用，这源于人类经济社会发展对能源的依赖。从实质来看，能源投入投入产出分析将能源系统纳入原本只是单一考虑经济系统的投入产出分析中，摒弃传统一味地向自然界索取、认为自然界提供的能源可恣意使用和浪费的浅层认知，重新理解和界定了能源系统和经济系统的关系。同基本的投入产出分析一样，能源投入产出分析也需要构建相应的能源投入产出表。同标准的投入产出表相比，能源投入产出表除包含经济模块在内外还增加了一个能源模块。具体而

言，就是在标准投入产出表的下方添加一个能源投入矩阵，能源投入产出表的基本结构如表 3-1 所示。在原本的经济模块基础上架构经济-能源投入产出表符合社会经济与能源消费协调发展的思想，这是出于经济运行必以能源消耗为基础的考虑，通过能源资源的合理配置和优化促进经济增长空间的释放，实现经济的可持续发展。

Z_{ij} 从垂直方向上看，指在生产过程中第 j 个部门对第 i 个部门产品的直接消耗量；从水平方向上看，指在分配过程中第 i 个部门产品满足第 j 个部门中间需求的情况。该能源投入产出表将国民经济系统划分为 n 个部门，$\{z_{ij}\}_{n\times n}$ 组成的 n 阶中间消耗关系方阵描述了各个部门间的投入产出关系。

F_i 指在已退出或暂时退出本期生产活动后，第 i 个部门的产品供最终需求的总数量，涵盖消费需求、投资需求、净出口需求及其他项。其他项的设置是为了放置难以消除的误差，这是因为在编制能源投入产出表的过程中，由于数据来源不同、计算方法差异及其他一些预先假定因素的存在，有时难以完全保障数据的行列平衡。

V_j 指第 j 个部门在生产过程中为获得总产出而付出的初始投入，即该部门的增加值数额，包含固定资产折旧、劳动者报酬、生产税净额及生产部门的营业盈余。由增加值的这些构成部分组成的行和 n 个国民经济部门组成的列构成了增加值矩阵，又称最初投入矩阵。从横向上看，它反映了增加值各部分构成的数量及部门构成结构；从垂直方向上看，它反映了各部门增加值的数额和构成比例。

X_i 指第 i 个部门的总产出，X_j 指第 j 个部门的总投入，在 $i=j$ 的情况下，$X_i = X_j$，即同一部门的总投入和总产出是相等的。

E_{kj} 指在生产过程中，第 j 个部门为获得总产出所产生的第 k 种能源的消耗数量，构成投入到本期生产过程的能源流量矩阵。

H_{ky} 指最终需求领域对第 k 种能源的消耗数量。

E_k 指第 k 种能源的总投入量，表示本期由自然系统转移到经济系统的这种能源的总数量。

通常在能源投入产出表中，经济指标以货币单位进行计量，能源投入量以实物单位计量。

（2）能源投入产出表的平衡关系

根据能源投入产出表的基本框架，可知在行向上存在以下两组重要的平衡关系式：

$$\text{产品分配平衡方程组：} \sum_{j=1}^{n} Z_{ij} + F_i = X_i (i = 1, 2, \cdots, n) \tag{3-7}$$

该组方程同标准的投入产出表原理一样，描述的都是国民经济体系中各部门产品在生产与使用上的平衡关系。对任一部门而言，其生产的产品量都等于该部门产品在中间需求量和最终需求量上的合计，即总产出＝中间需求＋最终需求。

$$\text{能源分配平衡方程组：} \sum_{j=1}^{n} E_{kj} + H_{ky} = E_k (k = 1, 2, \cdots, m) \tag{3-8}$$

该组方程为能源投入产出表所特有的，描述的是各项能源在供应和消费间的平衡关系。

（3）直接能源消耗系数和完全能源消耗系数

直接消耗系数是投入产出分析中的核心基本概念。与标准投入产出分析相同，能源投入产出分析中的直接消耗系数也反映的是某部门生产单位产值时对另一相关部门产品的直接消耗量，描述了在一定技术水平下这两部门间的直接经济技术联系，可用数学公式表示为：

$$a_{ij} = \frac{Z_{ij}}{X_j} \tag{3-9}$$

式中，a_{ij} 称为直接消耗系数或技术系数，指的是第 j 个部门在生产单位产品时对第 i 个部门产品的直接消耗量，其数值大小受技术水平、管理水平、产品结构、产品相对价格水平等多种因素的影响。n 个部门间的直接消耗系数用矩阵 A 表示，即直接消耗系数矩阵。

参照直接消耗系数，可定义直接能源消耗系数 d_{kj} 为第 j 个部门在生产单位产品时所需要直接消耗的第 k 种能源的数量，用数学语言表述为：

$$d_{kj} = \frac{E_{kj}}{X_j} \tag{3-10}$$

该系数的大小是由该部门的生产技术特点所决定的，反映了其对能源的依赖程度，在短期内可视为不变。这 $m \times n$ 个 d_{kj} 构成了直接能源消耗系数矩阵 D。

在直接能源消耗系数的基础上，定义完全能源消耗系数 b_{kj} 为第 j 个部门在生产单位最终产品时，对第 k 种能源的完全消耗数量，其计算公式如（3-11）所示：

$$b_{kj} = d_{kj} + \sum_{i=1}^{n} b_{ki}a_{ij} \tag{3-11}$$

由所有完全能源消耗系数 b_{kj} 构成的 $m \times n$ 矩阵 B，称为完全能源消耗系数矩阵。将式（3-9）转换为矩阵形式为：

$$B = D + BA \tag{3-12}$$

$$B = D(I - A)^{-1} \tag{3-13}$$

（4）能源投入产出模型

将上文定义的直接消耗系数和直接能源消耗系数分别引入到两组行平衡关系式中，可得：

$$\sum_{j=1}^{n} a_{ij}X_j + F_i = X_i \, (i = 1, \, 2, \, \cdots, \, n) \tag{3-14}$$

$$\sum_{j=1}^{n} d_jX_j + H_y = E \tag{3-15}$$

改写成矩阵形式，可得：

$$AX + F = X \tag{3-16}$$

$$DX + H = E \tag{3-17}$$

式中，H 指最终需求能源消耗矩阵，E 指整个国民经济体系能源消耗矩阵。

对式（3-14）和（3-15）进行整理可得：

$$E = D(I - A)^{-1}F + H \tag{3-18}$$

接着，在式（3-18）的基础上可得：

$$E = PDBRL + H \tag{3-19}$$

式中，$B = (I - A)^{-1}$ 表示即著名的里昂惕夫逆矩阵，该矩阵系统揭示了国民经济体系中各个部门间错综复杂的经济关联关系；P 是一个标量，表示人口，用年末人口总人数计量；R 是一个 $n \times 1$ 的列矩阵，表示消费结构，即指各部门消费量占总消费量的比例；L 是一个标量，指的是人均消费水平。

（5）基于能源投入产出分析的能源消费多因素结构分解模型的构建

作为一种比较静态分析方法，结构分解分析（Structural Decomposition Analysis，SDA）近年来在投入产出领域得到了极其广泛的关注及应用。该方法的核心思想在于可将社会经济系统中某因变量的时间序列变动分解成一系列与之相关的各独立自变量变动的和，以探究分析因变量产生变化的根源及这些构成自变量对因变量变动的贡献程度。与其他计量经济分析方法相比，结构分解分析的独特优势在于其能够将部门间的直接联系和间接联系全都考虑在内，即分解结果是对各自变量和因变量间完全联系的测度，这主要是归因于其以编制的投入产出表为基础。通过对比两个不同年份的投入产出表，可将蕴藏在经济发展过程中的技术进步和结构变迁都予以识别和检验。

在能源投入产出分析的基础上，采用结构分解分析对能源消费进行多因素分解分析。以上脚表 t 和 T 分别标注基准期和比较期，则在基准期和比较期这一阶段内，能源消费量发生的变化 ΔE 可表示为：

$$\Delta E = E^T - E^t$$
$$= \Delta E_P + \Delta E_D + \Delta E_B + \Delta E_R + \Delta E_L + \Delta E_H \quad (3\text{-}20)$$

式中，ΔE_P、ΔE_D、ΔE_B、ΔE_R、ΔE_L 和 ΔE_H 分别表示人口、直接能源消耗系数、经济技术、消费结构、人均消费水平和能源最终需求水平对能源消费量变动的影响。在对电力消费的影响因素进行考察时，这里的直接能源消耗系数特指直接电力消耗系数，能源最终需求水平特指居民生活消费对电力能源的消耗水平。

在测算各影响因素对能源消费量的变动效应时，由于自变量交叉项的存在，很难做到因素的充分分解，这是结构分解技术的瓶颈。在分解中，通常会选择将这些交叉项分配到各自变量中，以缩小分解偏差。根据对自变量交叉项分配处理方式的不同，衍生出不同的分解算法，主要包含：两级分解算法、中点权分解算法、加权平均分解算法。Dietzenbacher 和 Los 指出两级分解算法和中点权分解算法在理论上存在一定的缺陷，在处理超过两个以上的因素分解时相对不足。当某一因变量是由 n 个自变量决定时，共存有 $n!$ 种分解形式，而两级分解法和中点权分解算法只是其中的两种。在 $n = 2$ 的情况下，即只存在两个自变量时，两级分解法和中点权分解算法是准确的，但在 $n > 2$ 的情况下，由这两种分解算法得到的分解结果只是近似的。尽管加权平均分解算法理论完备，但是面临计算量大的问题。李景华证明了两级分解算法和中点权分解算法是加权平均分解算法的近似解。考虑到两级分解算法的直观，且不同因素间的权重具有可比性，本章选用该分解算法来测算上述影响因素对中国电力消费变动的贡献值：

$$\Delta E_P = \frac{1}{4}(D^t B^t + D^T B^T)(P^T - P^t)(R^t L^t + R^T L^T) \quad (3\text{-}21)$$

$$\Delta E_D = \frac{1}{2}(D^T - D^t)(B^t F^t + B^T F^T) \quad (3\text{-}22)$$

$$\Delta E_B = \frac{1}{2}\left[D^t (B^T - B^t) F^T + D^T (B^T - B^t) F^t \right] \tag{3-23}$$

$$\Delta E_R = \frac{1}{4}(D^t B^t + D^T B^T)\left[P^t (R^T - R^t) L^T + P^T (R^T - R^t) L^t \right] \tag{3-24}$$

$$\Delta E_L = \frac{1}{4}(D^t B^t + D^T B^T)(P^t R^t + P^L R^L)(L^T - L^t) \tag{3-25}$$

$$\Delta E_H = H^T - H^t \tag{3-26}$$

将测算得到的各效应值与基期电力消费量相比，便可得到各因素对电力消费增长的拉动率。此外，考虑到所有部门的直接电力消费之和与最终需求引发的电力消费相等，便可通过式（3-27）分别计算各类最终需求引发的电力消费：

$$E_k = DBF_k \tag{3-27}$$

式中，F_k 指第 k 类最终需求的列矩阵。

三、电力能源投入产出表的编制

（1）数据来源

本章对中国电力消费进行多因素结构分解，需要收集两方面的数据：一是各年份的中国投入产出表及延长表；二是各年份细分行业的电力消费数据。根据国家统计局投入产出核算制度的规定，中国每逢二、逢七的年份编制投入产出基准表，每逢零、逢五的年份编制投入产出延长表。从研究需要和数据的可获得性出发，本章选用 2005 年、2007 年、2010 年、2012 年、2015 年共五张投入产出表，并将 2005—2015 年这一时期根据不同年份经济发展特点的异同划分为四个发展阶段：2005—2007 年（旧常态阶段）、2007—2010 年（金融危机阶段）、2010—2012 年（经济恢复阶段）、2012—2015 年（新常态阶段）。不同阶段的电力消费特征随经济的发展也呈现出显著的差异。历年来电力消费的分行业数据来自《中国能源统计年鉴》。

（2）部门分类的调整

考虑到投入产出表的部门分类与电力消费数据的行业分类不一致，需要对部分行业或部门进行合并，使投入产出表和能源统计资料连接起来。在投入产出分析中，若产品分类越精细，则越符合一般均衡理论的假设，也越能体现出各产业或部门间的关联。在该原则的指导下，将历年来的投入产出表统一归并为 19 个部门，建立 19 个部门的电力能源投入产出表，其中包括 4 个能源部门和 15 个非能源部门。具体的部门分类归并见表 3-2。

表 3-2　　　　　　　　　　　　部门分类调整

投入产出表部门分类	《中国能源统计年鉴》行业分类	电力能源投入产出表分类	代码
农林牧渔业	农林牧渔业	农业	01
煤炭开采和洗选业	煤炭开采和洗选业	煤炭采选业	02
石油和天然气开采业	石油和天然气开采业	石油和天然气开采业	03
金属矿采选业	黑色金属矿采选业	其他采选业	04
	有色金属矿采选业		
非金属矿及其他矿采选业	非金属矿采选业		
	开采辅助活动		
	其他采矿业		
食品制造及烟草加工业	农副食品加工业	食品制造及烟草加工业	05
	食品制造业		
	酒、饮料和精制茶制造业		
	烟草制品业		
纺织业	纺织业	纺织业	06
	纺织服装、服饰业		
纺织服装鞋帽皮革羽绒及其制品业	皮革、毛皮、羽毛及其制品和制造业		
木材加工及家具制造业	木材加工和木、竹、藤、棕、草制品业	木材加工及家具制造业	07
	家具制造业		
造纸印刷及文教体育用品制造业	造纸和纸制品业	造纸印刷及文教体育用品制造业	08
	印刷和记录媒介复制业		
	文教、工美、体育和娱乐用品制造业		

续表

投入产出表部门分类	《中国能源统计年鉴》行业分类	电力能源投入产出表分类	代码
石油加工、炼焦及核燃料加工业	石油加工、炼焦及核燃料加工业	石油加工、炼焦及核燃料加工业	09
化学工业	化学原料和化学制品制造业	化学工业	10
	医药制造业		
	化学纤维制造业		
	橡胶和塑料制品业		
非金属矿物制品业	非金属矿物制品业	非金属矿物制品业	11
金属冶炼及压延加工业	黑色金属冶炼和压延加工业	金属冶炼及压延加工业	12
金属制品业	有色金属冶炼和压延加工业		
	金属制品业		
通用、专用设备制造业	通用设备制造业	机械电气电子设备制造业	13
	专用设备制造业		
交通运输设备制造业	汽车制造业		
	铁路、船舶、航空航天和其他运输设备制造业		
电气机械及器材制造业	电气机械和器材制造业		
通信设备、计算机及其他电子设备制造业	计算机、通信和其他电子设备制造业		
仪器仪表及文化办公用机械制造业	仪器仪表制造业	其他工业	14
工艺品及其他制造业（含废品废料）	其他制造业		
	废弃资源综合利用业		
	金属制品、机械和设备修理业		
电力、热力的生产和供应业	电力、热力生产和供应业	电力工业	15
燃气生产和供应业	燃气生产和供应业		
水的生产和供应业	水的生产和供应业		

投入产出表部门分类	《中国能源统计年鉴》行业分类	电力能源投入产出表分类	代码
建筑业	建筑业	建筑业	16
交通运输及仓储业	交通运输、仓储和邮政业	交通运输、仓储和邮政业	17
邮政业			
批发和零售业	批发业、零售业和住宿、餐饮业	批发和零售贸易餐饮业	18
住宿和餐饮业			
信息传输、计算机服务和软件业	其他行业	其他服务业	19
金融业			
房地产业			
租赁和商务服务业			
研究与试验发展业			
综合技术服务业			
水利、环境和公共设施管理业			
居民服务和其他服务业			
教育			
卫生、社会保障和社会福利业			
文化、体育和娱乐业			
公共管理和社会组织			

（3）可比价投入产出表的编制

由于采用的投入产出表都是价值型的且是以当年生产者价格统计的，为使数据具有可比性，应将各年度的投入产出表转化为可比价投入产出表，以消除价格因素的干扰，这更能准确地反映考察期内经济增长和产业结构的变动情况。从理论上讲，编制可比价投入产出序列表主要有两种方法：第一种是直接采用产品或服务的数量乘以某一年的不变价格；第二种是采用价格指数缩减法。相比第一种，第二种应用更为普遍，认可度也更高，该方法是通过利用各行业的价格指数缩减以按当期价格计算的现价价值，从而得到相应的不变价价值。由于研究选用的投入产出表是从 2005 年开始的，则以该年为基准年将其余年份的投入产出表转换成以 2005 年不变价格为基础的投入产出表。具体实施步骤为：首先，将位于投入产出表第一和第二象限的数据除以各自对应行业的价格指数，便可得到不变价的第一、第二象限数据，在该计算中原有的行向平衡关系保持不变。之后，采用得到的各行业不变价总产出减去其相应的中间投入之和，便可得到各行业的不变价最初投入，即可比价增加值。

（4）价格指数的来源及处理

可比价投入产出序列表的编制依赖合理的价格指数，不同的指标采用不同的价格指数缩减是最为理想的价格指数缩减法。具体而言，总产出应采用各种产品或服务的产出价格指数，最终需求应采用各种产品或服务的消费者价格指数、资本品价格指数、进口产品价格指数和出口产品价格指数等，中间需求应采用各生产部门为进行生产活动所需买进产品或服务的购进价格指数。然而，受限于我国价格指数编制的不完备，很难满足各指标分别缩减的需求，故而，在本研究中做简化处理，各产品部门行统一采用相同的价格指数。

四、电力消费年均增速放缓的原因分析

1. 电力消费和经济增长间的脱钩关系分析

（1）OECD 脱钩分析

运用 OECD 脱钩因子，以 2000 年为基年，对 2001—2017 年中国经济增长和电力消费的脱钩状态做出分析，判断结果见图 3-2。

从图 3-2 可以看出，OECD 脱钩因子在 2001—2007 年小于 0，这表明在这些年份中国的经济增长和电力消费处于耦合状态；而在 2008 年和 2009 年 OECD 脱钩因子大于 0，经济增长和电力消费处于脱钩状态，这一状态的出现可能与 2008 年爆发的金融危机有关，经济衰退，但电力消费的增长速率落后于 GDP 增长速率；2010 年和 2011 年 OECD 脱钩因子小于 0，经济增长和电力消费又处于耦合

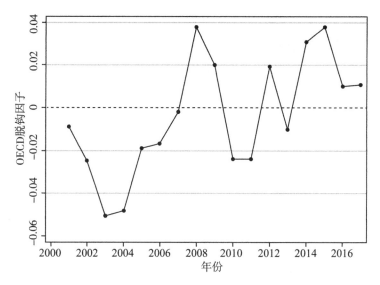

图 3-2　中国经济增长和电力消费的 OECD 脱钩分析

状态，这是因为金融危机后为稳定经济发展，电力消费有一个反弹式的快速增长，其增长速率超过了 GDP 增长速率；随后 OECD 脱钩因子在绝大多数年份都大于 0，只有在 2013 年短暂的小于 0，这表明近年来经济增长和电力消费基本呈脱钩关系。

（2）Tapio 脱钩分析

运用 Tapio 脱钩弹性指数，对 2001—2017 年中国经济增长和电力消费的脱钩状态进行逐年判断，其分析结果见表 3-3。

表 3-3　　　　　中国经济增长和电力消费的 Tapio 脱钩分析

年份	$\Delta ELE/ELE$	$\Delta GDP/GDP$	D_t	脱钩关系
2001	0.0929	0.0830	1.1188	扩张挂钩
2002	0.1183	0.0910	1.3002	扩张负脱钩
2003	0.1559	0.1000	1.5591	扩张负脱钩
2004	0.1544	0.1010	1.5290	扩张负脱钩
2005	0.1351	0.1140	1.1854	扩张挂钩

年份	$\Delta ELE/ELE$	$\Delta GDP/GDP$	D_t	脱钩关系
2006	0.1463	0.1270	1.1517	扩张挂钩
2007	0.1443	0.1420	1.0159	扩张挂钩
2008	0.0559	0.0970	0.5764	弱脱钩
2009	0.0721	0.0940	0.7672	弱脱钩
2010	0.1324	0.1060	1.2488	扩张负脱钩
2011	0.1208	0.0950	1.2719	扩张负脱钩
2012	0.0588	0.0790	0.7439	弱脱钩
2013	0.0892	0.0780	1.1439	扩张挂钩
2014	0.0402	0.0730	0.5511	弱脱钩
2015	0.0290	0.0690	0.4206	弱脱钩
2016	0.0565	0.0670	0.8430	扩张挂钩
2017	0.0575	0.0690	0.8332	扩张挂钩

从表3-3可以看出，中国经济增长和电力消费的Tapio脱钩指数波动性大，主要表现出3种状态：扩张挂钩、扩张负脱钩和弱脱钩，其分别占评价年份数的37.5%、31.25%和31.25%。自2012年以来，经济增长和电力消费间再未出现扩张负脱钩的关系，这表明中国的经济增长已逐渐摆脱了过去对电力消费的高度依赖关系，逐渐向弱脱钩的状态转化，这与OECD脱钩因子得出的结论有一定的相一致性。

2. 电力消费年均增速的累积和检验分析

以电力消费的年增长率为因变量，以其滞后一期为自变量，在式（3-4）迭代回归的基础上，构建CUSUM检验统计量，对2001—2017年中国电力消费年增长率时间序列的结构变化特征进行分析，检验结果如图3-3所示。可以看出，随着时间的推移，CUSUM检验统计量逐渐远离0均值线，大约在2014年超出渐进临界线，这表明2014年是中国电力消费年增长率的结构突变点。电力消费在2013年的增速为8.92%，而在2014年这一数值急剧下降到4.02%，下降程度达

54.93%。电力消费弹性系数的变化也能够为这一年该结构断点的发生提供佐证，2013 年的电力消费弹性系数为 1.14，而在 2014 年则变为 0.55，也出现了较大幅度的下降。究其原因，该断点的发生可能与当年首次在全国范围内实施的限制能源消费总量的政策有较大的关联。2014 年国务院办公厅下发了《关于印发能源发展战略行动计划（2014—2020）的通知》，其指出要到 2020 年形成比较完善的能源保障体系，一次能源消费总量控制在 48 亿吨标准煤左右。在该行动计划的制约下，各省为完成其相应的能源配额义务，实施了一系列的节能降耗政策和措施，如家电节能补贴、推广节能材料、淘汰落后产能等，有利地改善了节能形势。

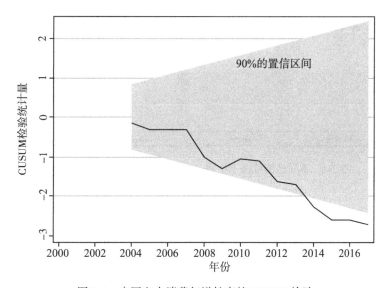

图 3-3   中国电力消费年增长率的 CUSUM 检验

3. 不同经济阶段电力消费的结构分解结果比较分析

图 3-4 描述了不同经济阶段下中国电力消费的多因素结构分解结果，每个条形的长短代表了相应影响因素对中国电力消费增长的拉动率。通过比较各经济阶段中国电力消费影响因素拉动率的差异，分析中国电力消费增长模式的变迁，探究自中国经济迈入新常态阶段以来，中国电力消费在 2012—2015 年期间增速明显放缓的原因。

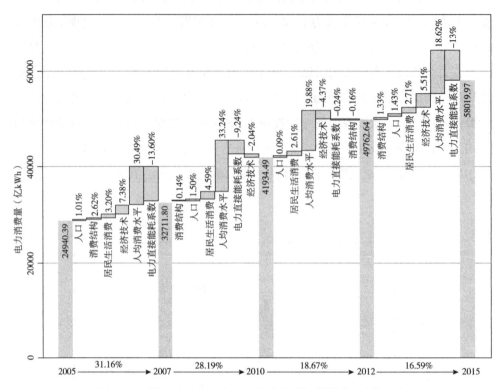

图 3-4　不同经济阶段下中国电力消费增长的影响因素拉动率

（1）2005—2007 年经济旧常态阶段

在 2005—2007 年期间，中国的电力消费由 24940.39 亿 kWh 增长到了 32711.80 亿 kWh，年均增长率为 14.53%。从图 3-4 可以看出，人均最终需求水平是这一时期电力消费增长最大的增量因素，拉动率达 28.60%，其由 2005 年的 14244.55 元增长到了 2007 年的 19194.83 元。表 3-4 显示了各经济部门的最终需求占比。从该表呈现的最终需求结构可以看出，在 2005 年和 2007 年，其他服务业、建筑业、机械电气电子设备制造业等经济部门的最终需求占比最高，都在 15% 以上，是中国经济增长的来源。最终需求结构对电力消费增长的拉动率为 2.62%，从各经济部门最终需求占比变动来看，发生变化较大的是其他服务业、机械电气电子设备制造业、农业、建筑业以及批发和零售贸易餐饮业，绝对变动比例都在 1% 以上。

表 3-4   各经济部门的最终需求占比

年份 经济部门	2005	2007	2010	2012	2015
农业	6.52%	4.78%	2.91%	3.07%	1.91%
煤炭采选业	−0.35%	0.01%	−0.30%	−0.19%	0.14%
石油和天然气开采业	−1.80%	−1.78%	−1.78%	−1.80%	−1.69%
其他采选业	−1.05%	−1.32%	−1.60%	−1.46%	−1.06%
食品制造及烟草加工业	7.86%	7.18%	7.18%	6.57%	5.66%
纺织业	7.40%	7.21%	5.94%	5.05%	4.80%
木材加工及家具制造业	0.85%	1.37%	1.10%	1.16%	1.18%
造纸印刷及文教体育用品制造业	0.62%	0.66%	0.51%	1.41%	1.40%
石油加工、炼焦及核燃料加工业	−0.54%	−0.24%	−0.22%	0.12%	0.09%
化学工业	−0.57%	0.16%	0.19%	0.70%	0.66%
非金属矿物制品业	1.24%	0.34%	0.18%	0.40%	0.17%
金属冶炼及压延加工业	0.30%	1.17%	0.23%	0.35%	−0.09%
机械电气电子设备制造业	17.64%	19.80%	24.99%	23.54%	21.67%
其他工业	1.22%	1.17%	0.77%	−0.24%	0.09%
电力工业	1.46%	0.69%	0.78%	0.95%	0.65%
建筑业	20.95%	22.49%	22.75%	21.68%	26.01%
交通运输、仓储和邮政业	2.79%	2.91%	1.46%	3.07%	2.09%
批发和零售贸易餐饮业	6.57%	7.68%	6.80%	7.61%	7.71%
其他服务业	28.90%	25.74%	28.12%	28.01%	28.61%

　　电力直接能耗系数是电力消费增长最大的减量因素，也是唯一的减量因素，其拉动率为−13.60%。表 3-5 显示了各经济部门于各年份的电力直接能耗系数。从整体来看，总的电力直接能耗系数由 2005 年的 0.0404kWh/元下降到了 2007 年的 0.0378kWh/元，降幅比例为 6.50%。从分部门来看，除非金属矿物制品业的电力直接能耗系数上涨外，其余各经济部门的电力直接能耗系数都有不同程度的下降。其中，下降程度最大的部门是化学工业，降幅达 37.81%，这与这一时期中国化学工业转变经济增长方式有密切的关联。化学工业是中国经济的支柱产

业之一，但同时也面临着高污染、高排放、高能耗问题。受节能减排政策的驱动及国际高油价的影响，化学工业摒弃了以往对速度规模快速增长的片面追求，逐步注意到资源的合理优化利用、投资的效益最大化实现、结构和布局的合理化发展，特别是现代化技术的开发和利用，这些都极大地提高了其竞争能力，有力促进了电力直接能耗系数的下降。此外，电力直接能耗系数下降较大的经济部门还有其他工业、木材加工及家具制造业及电力工业，这些部门的电力直接能耗系数下降程度都在20%以上。

表 3-5　　　　各经济部门的电力直接能耗系数（单位：kWh/元）

年份／经济部门	2005	2007	2010	2012	2015
农业	0.0241	0.0240	0.0209	0.0201	0.0180
煤炭采选业	0.0732	0.0689	0.0586	0.0656	0.0440
石油和天然气开采业	0.0523	0.0412	0.0412	0.0555	0.0541
其他采选业	0.1056	0.0822	0.0632	0.0787	0.0551
食品制造及烟草加工业	0.0214	0.0164	0.0143	0.0147	0.0130
纺织业	0.0429	0.0319	0.0292	0.0315	0.0269
木材加工及家具制造业	0.0258	0.0172	0.0187	0.0191	0.0158
造纸印刷及文教体育用品制造业	0.0513	0.0384	0.0344	0.0279	0.0224
石油加工、炼焦及核燃料加工业	0.0283	0.0245	0.0300	0.0278	0.0272
化学工业	0.1195	0.0658	0.0530	0.0526	0.0448
非金属矿物制品业	0.0628	0.0850	0.0691	0.0756	0.0550
金属冶炼及压延加工业	0.1300	0.0988	0.0954	0.0839	0.0770
机械电气电子设备制造业	0.0186	0.0139	0.0129	0.0131	0.0117
其他工业	0.0402	0.0244	0.0244	0.0442	0.0336
电力工业	0.2182	0.1534	0.1432	0.1564	0.1424
建筑业	0.0064	0.0052	0.0057	0.0059	0.0046
交通运输、仓储和邮政业	0.0186	0.0162	0.0142	0.0141	0.0129

年份 经济部门	2005	2007	2010	2012	2015
批发和零售贸易餐饮业	0.0249	0.0223	0.0226	0.0214	0.0195
其他服务业	0.0174	0.0156	0.0147	0.0133	0.0122
总和	0.0463	0.0378	0.0335	0.0329	0.0284

居民生活直接消费对电力能源的需求由 2005 年的 824.812 亿 kWh 增长到了 2007 年的 3622.71 亿 kW，其对电力消费增长的拉动率为 3.20%，这主要是随着居民生活水平的不断提升，家用电器在家庭中的使用数量越来越多。同一时期，年末人口总数由 130756 万人增长到了 132129 万人，增长率仅为 1.05%，这两年间人口数量极小的增长只造成电力消费增长了 1.08%。此外，经济技术效应在这一时期对电力消费增长也起正向作用，其拉动率为 7.38%。

（2）2007—2010 年金融危机阶段

在 2007—2010 年期间，中国的电力消费由 32711.80 亿 kWh 增长到了 41934.49 亿 kWh，增长了 28.19%。受金融危机的影响，中国 GDP 的年均增长率由 2005—2007 年期间的 13.45%下降到了 9.90%。经济发展与电力消费紧密相关，在经济衰退的影响下，电力消费的年均增长率下降到了 8.68%，相比 2005—2007 年降幅 5.93%。但是，人均最终需求水平仍然是导致电力消费增长最主要的因素，且拉动率相比 2005—2007 年提升了 2.75%，达到 33.24%。从最终需求结构来看，其他服务业、机械电气电子设备制造业、建筑业仍然是占比最高的三个经济部门。这一时期最终需求结构的变动只引起电力消费增长了 0.14%，最终需求占比变化较大的部门有机械电气电子设备制造业、其他服务业、农业、交通运输、仓储和邮政业及纺织业，它们的绝对变动比例都在 1%以上。

金融危机的另一个影响是造成净出口支出引发的电力消费下降。2005—2007 年是中国出口贸易发展的黄金期，出口的产品大都以高耗能、低附加值为特点，由图 3-5 可以看出，净出口引发的电力消费由 668.09 亿 kWh 增长到了 3031.99 亿 kWh，两年间增长了三倍之多。而 2008 年爆发的金融危机对世界各国的对外

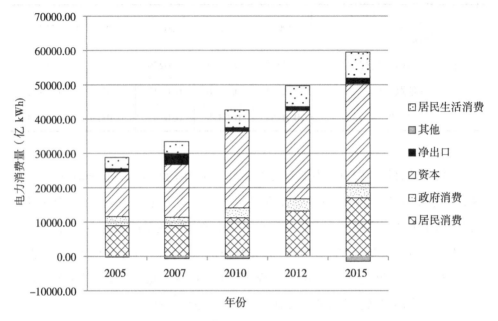

图 3-5　各类最终需求引发的电力消费的变动

贸易造成巨大冲击，导致整个国际贸易市场的疲弱，中国也难独善其身，净出口随之锐减。相应地，净出口引发的电力消费下降到了 2010 年的 1067.60 亿 kWh，相比 2007 年下降了 64.79%。为应对金融危机、稳定国内经济，中国政府在 2008 年底实施了 4 万亿投资计划及一系列扩大内需的刺激措施，覆盖了基础设施建设、民生工程投资、创新与生态投资以及汶川灾后重建工作等多个方面。受此一揽子计划的影响，资本形成、居民消费以及政府消费引发的电力消费都实现了巨大的增长，特别是资本形成引发的电力消费由 2007 年的 15365.71 亿 kWh 增长到了 2010 年的 22275.03 亿 kWh，增幅为 44.97%。

电力直接能耗系数仍然是电力消费增长最重要的减量因素，但其拉动率下降到了 9.24%。从整体来看，总的电力直接能耗系数由 2007 年的 0.0378kWh/元下降到了 2010 年的 0.0335kWh/元，下降幅度极小，这也是其拉动率变小的原因。具体来看，除少数经济部门外，绝大多数经济部门的电力直接能耗系数都呈下降趋势。其中，下降幅度最大的是其他采选业，达 23.04%，这可能与 2008 年底金属矿采选产品、非金属矿采选产品增值税税率由 13% 恢复到 17% 有关，增值税率的提高倒逼该行业技术工艺的提升，减少对电力能源的消耗；而上升幅度最大的是石油加工、炼焦及核燃料加工业，达 22.75%，这是因为该行业是国民经济发展的基础行业，受经济刺激政策的影响，在这一时期过度追求规模的扩大和增长而放低了能效提升的位置。

除电力直接能耗系数外，经济技术效应也是这一时期造成电力消费增长的另一减量因素，其拉动率为 2.04%，这与其在 2005—2007 年的影响作用相反。此外，人口和居民生活直接消费继续保持了原来对电力消费增长的正向作用，其拉动率分别为 1.50% 和 4.59%。

（3）2010—2012 年经济恢复阶段

在 2010—2012 年期间，中国的电力消费由 41934.49 亿 kWh 增长到了 49762.64 亿 kWh，增幅 18.67%。在该阶段，人均最终需求水平仍然是电力消费增长最大的驱动因素，拉动率为 19.88%，但相比前一阶段降低了 13.36%。从最终需求结构来看，2012 年最终需求占比较高的经济部门与 2010 年的情况相似，变化不大，但各经济部门最终需求占比的变化对电力消费增长的作用机制由正向变成了负向，产生-0.16%的拉动率。其中，最终需求占比下降较大的经济部门有机械电气电子设备制造业、建筑业及其他工业，它们的绝对变动比例都在 1%以上，而最终需求占比提高超过 1%的经济部门只有交通运输、仓储和邮政业。

区别于前两阶段，在这一阶段经济技术效应是电力消费增长最大的减量因素，拉动率为 4.37%，这是因中间需求变化而带动电力消费量增加。电力直接能耗系数对电力消费增长的减量效应也发生了较大变动，锐减为 0.24%。从整体而言，总的电力直接能耗系数由 2010 年的 0.0335kWh/元下降到了 2012 年的0.0329kWh/元，只降低 1.69%，其微小的变动造成了对电力消费增长的抑制作用不明显。详细来看，各经济部门的电力直接能耗系数变动差异化明显，这主要受各经济部门生产工艺与技术差异的影响。其中，电力直接能耗系数变动最大的前五个经济部门是其他工业、石油和天然气开采业、其他采选业、造纸印刷及文教体育用品制造业、金属冶炼及压延加工业。值得注意的是其他工业的电力直接能耗系数增幅达 81.11%，而造纸印刷及文教体育用品制造业的电力直接能耗系数降幅最大，为 18.78%。

2010—2012 年是金融危机后的经济恢复期，为保障经济能够稳中有进，在这一时期中国的经济发展以扩大内需，特别是消费需求为战略要点，以发挥好投资对经济增长的关键作用为特点，这可以反映在各类最终需求引发的电力消费上。资本形成引发的电力消费在 2012 年为 25712.84 亿 kWh，占总电力消费的51.67%，尽管相比 2010 年下降了 1.45%，但仍然是占比最高的。而消费（包括居民消费、政府消费、居民生活直接消费）引发的电力消费由 2010 年的19243.83 亿 kWh 增长了 2012 年的 222927.75 亿 kWh，占比提高了 1.53%。

人口数量在这一时期变动较小，由 2010 年的 134091 万人增长到了 2012 年的 135404 万人，只增长了 0.98%，相应地，其对电力消费增长的增量效应也很小，拉动率为 0.94%。

（4）2012—2015 年经济新常态阶段

在 2012—2015 年期间，中国的电力消费由 49762.64 亿 kWh 增长到了58019.97 亿 kWh，年均增长率为 6.27%。这一阶段的年均增长率相比 2010—2012 年下降了 2.71%，是所考察四个阶段中最低的。但是与以往各阶段相同，人均最终需求水平依然是电力消费增长最大的促进因素，拉动率为 18.62%。从最终需求结构来看，其他服务业、建筑业以及机械电气电子设备制造业这三个经济部门的最终需求占比仍然是最高的。最终需求结构的变动引起电力消费 1.33%的增长，这些变动主要发生在建筑业、机械电气电子设备制造业及农业部门，它们的绝对变动比例都在 1%以上，特别是建筑业，其最终需求占比提高了 4.33%。

电力直接能耗系数是这一阶段电力消费增长唯一的减量因素，拉动率为13%。从整体来看，总的电力直接能耗系数由 0.0329kWh/元 下降到了0.0284kWh/元，降幅 13.67%；从分部门来看，各经济部门的电力直接能耗系数都呈下降趋势，取得了不同程度的降幅。其中，煤炭采选业的电力直接能耗系数降幅最大，相比 2012 年下降了 32.99%，这主要是由于在煤炭去产能的背景下，淘汰退出了大量落后煤矿，自主创新了煤炭采选技术，加强了煤矿的监控和管理，这些都极大地促进了煤炭采选业电耗水平的降低。此外，其他采选业、非金属矿物制品业、机械电气电子设备制造业及电力工业等经济部门的电力直接能耗系数降低程度都在 20%以上。

在经济新常态阶段，经济发展以追求高质量增长为目标，经济增速由高速向中低速换挡，2012—2015 年的年均 GDP 增长率下降到 7.33%，结束了 2005—

2012 年的年均两位数（10.57%）的增长，经济增长方式继续由投资驱动转向以消费驱动为主，投资引发的电力消费占比由 2012 年的 51.67% 下降到了 2015 年的 50.07%，而同一时期消费引发的电力消费占比由 46.07% 提高到了 49.66%。其中，与居民生活直接消费相关的电力消费由 6218.96 亿 kWh 增长到了 7565.21 亿 kWh，其增长与这一时期在居民生活领域推行的电能替代政策相关，提高了居民家用电器的使用率，对电力消费增长产生的拉动率为 2.71%。

人口数量也电力消费增长的一个驱动因素，其由 2012 年的 135404 万人提高到了 2015 年的 137462 万人，这引起电力消费 1.43% 的增长。此外，经济技术效应也是这一时期电力消费增长的另一驱动因素，各经济部门的生产技术联系加强，对电力消费增长产生 5.51% 的拉动率。

五、本章小结

本章聚焦中国电力消费年均增速放缓的特征，基于两种脱钩关系研究方法对电力消费和经济增长间的脱钩关系进行了测度，采用累积和 CUSUM 检验判定了历年来电力消费增长速率结构断点的存在，并结合电力能源投入产出分析和结构分解模型对电力能源的影响因素进行了分析，得出了如下主要结论：

（1）从 OECD 脱钩因子看，在 2001—2007 年期间电力消费和经济增长处于稳定的耦合状态；而在 2008—2017 年期间的绝大多数年份里，电力消费和经济增长处于脱钩状态，特别是在经济进入新常态后，这两者间处于比较稳定的脱钩状态。从 Tapio 脱钩弹性指数看，在整个研究期内，各年份电力消费和经济增长的脱钩关系主要呈扩张挂钩、扩张负脱钩和弱脱钩等三种状态，而在经济新常态阶段，扩张负脱钩是这两者间的主要状态，意味着经济增长对电力消费的依赖性在减弱。

（2）以电力消费年增速为被解释变量构建的一阶自回归方程为核心的累积和 CUSUM 检验显示大约在 2014 年 CUSUM 检验统计量超出渐进临界线，意味着在 2014 年电力消费的年增速发生了结构突变。该结构断点的发生可能与这一年实施的限制能源消费总量的政策相关，各省为完成相应的配额，开展了一系列的节能政策，使得电力消费年增速出现了较大的变化。

（3）人均最终需求水平是电力消费增长最大的增量因素，其贡献比例呈递减趋势，这是造成电力消费年均增速放缓最主要的原因；除 2010—2012 年阶段外，电力直接能耗系数是电力消费增长最大的减量因素；最终需求结构和经济技术对电力消费增长的作用方向在各经济阶段发生过变动，而人口和居民生活消费一直保持对电力消费增长的正向作用，且贡献比例变动不大；电力消费的增长动力来源由 2005—2007 年的净出口驱动为主转变到 2007—2010 年的投资驱动为主，再到 2010—2015 年的消费驱动为主。

本章在政策上所给予的启示有：第一，电力消费增速的放缓不应成为限制经济发展的阻碍，经济增速的放缓也不应成为电力产业向颓废化发展的借口，而是应逐渐能源依赖型的经济发展方式，促进电力消费和经济增长的脱钩化发展，实现长期较为稳定的理想脱钩状态。第二，以消费为驱动的电力消费增长模式是消费拉动型经济增长模式的映照，而当前消费的增长正由过去的实物消费逐渐向服务消费转变，为此，电力也应在服务消费中发挥更大的作用，创新消费业态方式，推动服务型消费经济的增长。第三，应合理发挥电力消费各影响因素在其趋势演变中所起的作用，如应实施有利于降低电力直接能耗系数的政策措施，提高电力消费效率，减少电力消费可能存在的不合理利用。此外，居民生活消费应向电力倾斜，扩大电力在家庭能源消费中所占份额，缩减对煤炭、天然气等化石能源的使用。

第四章　新常态下电力强度的省际
差异化缩减特征分析

为探究中国电力消费强度的省际差异化特征，本章首先采用泰尔指数衡量中国省际电力强度的非均衡程度，辨别其差异主要来源于区域间还是区域内；接着，以电力强度为被解释变量，以经济发展、人口规模、能源结构、产业结构、对外开放程度以及技术进步为解释变量，构建考察电力强度差异影响因素的面板惩罚分位数回归模型，分析如何通过控制影响因素降低各省的电力强度；然后，采用基于回归的 Shapley 分解考察电力强度省际差异的决定因素，分析电力强度各影响因素对差异化的贡献程度；最后，分析影响本章实证结果的可能原因，开展稳健性检验。

一、特征的事实性表现

随着能源生产和消费革命战略的实施，在以构建清洁高效能源新体系的导向下，以电代煤、以电代油等政策的有效执行和深度落实加快推动了全国的能源消费向电力消费倾斜，促进了终端能源消费结构向以电力为中心的转变。但是，现阶段我国电力能源的利用效率并不高，表现在电力强度上，则是电力强度还维持在高位。尽管电力能源作为二次能源，相比其他能源形式有其固有的清洁高效性，但在预期电力消费在未来保持持续增长的背景下，特别是现阶段经济结构处在转型升级中，如若电力强度不能得到有效改善，则将会导致这种以电为中心的能源消费转变并不能实现资源配置的最优，存在一定的无效性。总体来看，我国的电力强度随着电力工业的发展自 2000 年开始经历较大的上涨后便于 2006 年处于波动下降中，特别是进入经济新常态以来，这种下降趋势更为明显，但值得注意的是囿于技术及发展方式，中国的电力强度与世界发达国家相比仍存在较大的差距，未来电力强度的下降仍持有较大的空间，如何有效地进一步实现电力强度的降低这一问题则愈发凸显。从布局来看，各省的电力强度存在较大差异，意味着各省的电力能源利用效率迥异，这与各省所处的经济发展阶段相关。电力强度这种差异化特征的存在加剧了能源贫困，反过来抑制了经济的趋同发展，进而对电力强度的改善产生消极影响。鉴于此，本章聚焦于电力强度的省际差异化特征，研究电力强度的影响因素及其对差异的贡献，以期为制定区域差异化的节能政策提供借鉴，促进各省电力强度的趋同化发展。

二、电力强度省际差异化的度量与分析模型

本节旨在构建用以分析省际电力强度差异的度量与分析模型，首先将衡量个人和地区间收入不均衡程度的差异化指标-泰尔指数-引入到电力强度地区间差异的度量中，并进行其差异化来源的分解；接着，在介绍处理截面数据的分位数回归原理的基础上，类比阐释用以处理面板数据的面板惩罚分位数回归，以用以构建分析电力强度差异化影响因素的计量模型；最后，构建基于回归的 Shapley 分解模型，用以分析电力强度的各影响因素对电力强度省际差异的贡献率。

1. 泰尔指数

作为广义熵指数（Generalized Entropy，GE）的一种特殊形式，泰尔指数（Theil Index），又称泰尔熵标准（Theil's Entropy Measure），最初是由荷兰经济学家 Henri Theil 基于信息理论中的熵概念在研究收入不均等时提出的，是一种不受度量单位影响的相对指标，现已被广泛推广应用于各类指标的差异化研究中，如社会保障支出、地方财政卫生支出、公共服务资源等。与其他评估非均衡程度的指标相比，如基尼系数、变异系数、Atkinson 指数等，泰尔指数具有典型的可分解性，即该指数可将总体差异分解为组内差异和组间差异，进而能够辨别这两部分的相对重要性及分析其产生的影响。鉴于此，本书将该指数应用到测度中国各省市间电力强度的差异化中，并从区域间和区域内分析差异的来源。其中，经济

区域是参照《中共中央、国务院促进中部崛起的若干意见》等国家促进区域协调发展的相关政策文件进行划分的，共包含四个经济区域，分别为东部地区、中部地区、西部地区以及东北地区。借鉴宁亚东等学者的做法，在该指数测算中采用电力消费量份额作为权重，具体的计算公式为：

$$T = T_a + T_b = \sum_{i=1}^{m} \frac{E_i}{E}\ln\left(\frac{E_i/E}{GDP_i/GDP}\right) \tag{4-1}$$

$$T_a = \sum_{j=1}^{m} \frac{E_j}{E}T_{ai} \tag{4-2}$$

$$T_{ai} = \sum_{i=1}^{m} \frac{E_{ji}}{E_j}\ln\left(\frac{E_{ji}/E_j}{GDP_{ji}/GDP_j}\right) \tag{4-3}$$

$$T_b = \sum_{j=1}^{n} \frac{E_j}{E}\ln\left(\frac{E_j/E}{GDP_j/GDP}\right) \tag{4-4}$$

式中，T 为衡量电力强度差异化程度的总体泰尔指数，分解为 T_a 区域内泰尔指数和 T_b 区域间泰尔指数。T_{ai} 为经济区域内各省市电力强度的泰尔指数。E_i 为 i 省市的电力消费量，E_j 为 j 经济区域的电力消费量，则 E_{ji} 为处于 j 经济区域内的 i 省市的电力消费量。GDP_i 为 i 省市的生产总值，GDP_j 为 j 经济区域的生产总值，则 GDP_{ji} 为处于 j 经济区域内的 i 省市的生产总值。泰尔指数的测算值处于 0 到 1 之间，其值越大，表示各省市电力强度的差异化程度越大。

2. 面板惩罚分位数回归模型

（1）分位数回归

分位数回归是由美国经济学家 Koenker 和 Bassett 在 1978 年首次提出的，其是对传统线性回归模型采用最小二乘法估计参数的补充和扩展。在传统回归分析中，均值常被用为中心趋势的表征指标，通过使用残差平方和来估计回归参数，这是从整体上来刻画自变量和因变量间存在的关系，是对其平均影响效果的反映，但忽略了在不同分位点自变量对因变量的影响是不同的。此外，传统的回归分析要求参数估计量符合最优线性无偏性的条件，但是这一强假设很难在实际的经济活动中得到满足。而分位数回归方法并不需要考虑估计量同方差、正态分布的假设，是基于加权的残差绝对值和最小来估计参数的，其可以对不同条件分布下自变量和因变量的关系进行揭露。与传统线性回归相比，通过因变量的条件分位数建模的分位数回归对异常值的耐抗性更强，也更能够对分布的尾部特征进行捕捉，估计结果更为稳健可靠。分位数回归估计参数的一般原理如下：

假设随机变量 Y 的累积分布函数是：

$$F(Y) = P(Y \leqslant y) \tag{4-5}$$

对于一个连续的随机变量 y，当 $y \leqslant q_r$ 的概率为 τ，可定义 y 在第 τ 分位点的值为 q_r，即

$$q_r = \inf\{y: F(y) \geqslant \tau\} \ (0 < \tau < 1) \tag{4-6}$$

假设 $\{y_i, \ i = 1, \ 2, \ \cdots, \ n\}$ 和 $\{x_i, \ i = 1, \ 2, \ \cdots, \ n\}$ 分别表示自变量和因变量的序列，且遵循如式（4-7）的一般线性回归模型：

$$y_i = a_{\tau i} + x_i' b_\tau + \varepsilon_{\tau i} \tag{4-7}$$

式中，b_τ 为对应于因变量在 τ 分位点的自变量回归系数，$a_{\tau i}$ 为截距项，$\varepsilon_{\tau i}$ 为随机误差项。在给定自变量 x 后，处于 τ 分位点的因变量为：

$$Q_\tau(y_i \mid x_i) = a_\tau + x_i' b_\tau \tag{4-8}$$

依据分位数回归的思想，处于 τ 分位点的样本分位数回归的目标函数应保证加权的残差绝对值和最小，即

$$\hat{b}_\tau = \underset{a, \ b}{\operatorname{argmin}} \left\{ \sum_{y_i > x_i} \tau \mid y_i - x_i' b_i - a \mid + \sum_{y_i < x_i} (1 - \tau) \mid y_i - x_i' b_i - a \mid \right\} \tag{4-9}$$

其中，损失函数为：

$$p_\tau(\varphi) = \varphi(\tau - I(\varphi < 0)) = \begin{cases} \tau\varphi & \varphi \geqslant 0 \\ (\tau - 1) & \varphi < 0 \end{cases} \tag{4-10}$$

则可得分位数回归的参数估计值：

$$\hat{b}_\tau = \underset{a, \ b}{\operatorname{argmin}} \left\{ \sum_{i = t_i} p_\tau(y_i - x_i' b - a) \right\} \tag{4-11}$$

（2）面板惩罚分位数回归

面板分为数回归即采用分位数回归来处理面板数据，兼具了传统面板数据模型和分位数回归模型的优势：一方面，其能够控制不可观测的个体异质性，获得更多面板数据中涵盖的动态信息；另一方面，其可以揭示不同分位点上自变量和因变量间的关系，对随机误差项的分布没有假设要求，且对异常值的敏感度低。考虑面板数据模型的一般形式：

$$y_{it} = a_i + x_{it}' b_i + \varepsilon_{it}$$
$$(i = 1, \ 2, \ \cdots, \ N; \ t = 1, \ 2, \ \cdots, \ T) \tag{4-12}$$

式中，i 为截面个体，t 为时间个体，y_{it} 为第 i 个个体截面在 t 时期的因变量向量，x_{it} 为第 i 个个体截面在 t 时期的自变量向量，ε_{it} 为随机误差项，a_i 为截距项，表示截面固定效应，反映未涵盖在模型中的但跟个体变化有关的难以观测的因素。运用分位数回归的方法对其参数进行估计，即面板分位数回归模型可表示为：

$$Q_{\tau it}(\tau_j \mid x'_{it}, a_i) = a_i + x'_{it} b(\tau_j) \tag{4-13}$$

式中，$\tau_j = \{\tau_1, \tau_2, \cdots, \tau_m\}$ 为 m 个不同的分位点，$b(\tau_j)$ 为自变量在 τ 分位点的系数向量。

依据分位数回归的思想，在对上述模型中自变量的系数进行估计时，应遵循加权的残差绝对值之和最小的原则，即

$$\hat{b} = \underset{a, b}{\mathrm{argmin}} \sum_{j=1}^{J} \sum_{t=1}^{T} \sum_{i=1}^{N} \omega_j p_{\tau j}(y_{it} - x'_{it} b(\tau_j) - a_i) \tag{4-14}$$

式中，$\mathrm{argmin}\{\cdot\}$ 表示函数取最小值时 b 的值。$p_\tau(u) = u(\tau - I(u < 0))$ 表示分段线性分位数损失函数，其中的 $I(\cdot)$ 表示指示函数，当 $u < 0$ 成立时取值为 1，不成立时取值为 0，即

$$p_\tau(u) = \begin{cases} u(\tau - 1) \\ u\tau \end{cases} \tag{4-15}$$

ω_j 表示权重系数，反映各分位点在估计参数时的相对影响程度，λ 表示调整系数，用以控制个体效应带来的影响。

Koenker 指出，当截面个体数 N 较大而时间个体数 T 较小时，对个体效应进行适当的收缩控制可以有效减小由于估计截距项 a_i 导致的方差。具体可以在分段线性分位数损失函数中添加线性 l_1 惩罚项，即

$$p(a) = \sum_{i=1}^{n} |a_i| \tag{4-16}$$

在模型（4-14）的基础上，构建含有惩罚项的面板惩罚分位数回归模型：

$$\hat{b} = \underset{a, b}{\mathrm{argmin}} \sum_{j=1}^{J} \sum_{t=1}^{T} \sum_{i=1}^{N} \omega_j p_{\tau j}(y_{it} - x'_{it} b(\tau_j) - a_i) + \lambda \sum_{i=1}^{N} |a_i| \tag{4-17}$$

式中，λ 表示调节因子，当其值趋于 0 时，得到的是面板固定效应模型的估计结果，而当其值趋于无穷大时，对于所有的 $i = 1, 2, \cdots, N$ 都有 $a_i \to 0$，得到的是不考虑个体效应的估计结果。

3. 基于回归的 Shapley 分解

Shapley 值法是由诺贝尔经济学奖获得者 Shapley L. S. 于 1953 年率先提出的，是一种用以解决多人合作博弈问题的方法。假设有 n 个人构成一个利益联盟共同开展某项经济活动，其中，他们间若干个人的组合也构成一个小的联盟子集，其对联盟整体利益也会产生一定的效益。当人们之间的利益活动存在非对抗性时，合作中人数的增加不再引起效益的下降。在该情况下，这 n 个人的合作对策产生的效益是最大的，得到的 Shapley 值是帕累托有效的、对称的、线性的且满足哑公理。此外，Shapely 值分解结果不受分解路径的干扰，这是因为其考虑了分解过程中的所有可能路径，最终所得结果是各可能路径分解结果的平均值。基于该过程，Shorrocks 进行了贫困指数的分解，测算了收入方程中的每一自变量对收入差距的贡献。之后，Wan 对基于回归的 Shapely 分解进行了改进，使其能够对任何不平等指标进行分解，如泰尔指数、变异系数、基尼系数等；而且，其对回归方程的形式也不再设限，对数、双对数形式也都适用。

基于回归的 Shapely 值分解的基本思路是按不同的顺序依次对回归方程中的每一个自变量进行剔除，并估计出该自变量在不同剔除顺序中的边际影响，最后得到的边际影响平均值便是该自变量对不平等指标的最终贡献度。基于该方法，本书用以测度影响电力强度的各因素对其差异的贡献度。设 T 为表征测度电力强度差异的泰尔指数，x_i 表示影响电力强度的各因素，则电力强度差异函数可以表示为：

$$T = f(x_1, \ x_2, \ \cdots, \ x_i) \tag{4-18}$$

$I = (1, \ 2, \ \cdots, \ n)$ 为表示电力强度差异的影响因素集合，H 为 I 的任一非空子集，即 $H \subseteq I$。对于变量 r，用特征函数 $V(H)$ 表示增加或减少该变量对子集 H 的边际贡献，即 $V(H) - V(S \mid \{r\})$。如果变量 r 能从子集 H 获得效益，那 r 的收益小于或等于对 H 的影响。子集 H 中变量的个数为 m，在 $n-1$ 个变量中选择 $m-1$ 个其他变量，则全集 I 里含有变量 r 且规模为 m 的子集个数共有 C_{n-1}^{m-1} 个，对规模为 m 的合作而言，变量 r 的贡献总和为：

$$\frac{1}{C_{n-1}^{m-1}} \sum_{\mid s \mid = m} [V(H) - V(H \mid \{r\})] \tag{4-19}$$

则在全部规模下变量 r 对电力强度差异的平均贡献度是：

$$\sum_{m=1}^{n} \frac{1}{C_{n-1}^{m-1}} \sum_{|s|=m} [V(H) - V(H \mid \{r\})] \tag{4-20}$$

三、变量选取及特征描述

从研究目的及数据的可获得性出发,本章实证分析所选择的样本期间为
2006—2017 年,所选择的样本范围是排除港、澳、台地区及西藏自治区在外的中
国 30 个省、直辖市、自治区,所涉及的各项数据主要来源于国家统计局历年来
发布的《中国统计年鉴》《中国能源统计年鉴》以及各省统计局历年来发布的统
计年鉴。本章研究所涉及的变量有电力强度、经济发展、人口规模、能源结构、
产业结构、对外开放程度及技术进步。其中,电力强度是面板惩罚分位数回归中
的被解释变量,其余各项变量都是其解释变量。此外,所涵盖的任何价值形态的
数据都利用相应的价格指数调整到以 2000 年为基期的实际值,以剔除价格水平
变化带来的影响。各项变量的符号表示及其定义汇总如表 4-1 所示:

表 4-1 **变 量 说 明**

变量类型	变量名称	符号表示	变 量 定 义
被解释变量	电力强度	ei	电力消费量和 GDP 的比值
解释变量	经济发展	$rgdp$	各省人均 GDP
	人口规模	pop	各省年末人口总数
	能源结构	es	电力消费量占地区总能源消费量的比重
	产业结构	ind	工业增加值占地区生产总值的比重
	对外开放程度	fdi	外商直接投资净流入占地区生产总值的比重
	技术进步	tec	地区专利授权数量（包含发明、实用新型及外观设计三种）

表 4-2 给出了各项变量的描述性统计,包含均值、标准差、最大值、最小值
及中位数。考虑到正态分布的偏度值为 0,峰度值为 3,与其相比,各项变量的
偏度值都不为 0,峰度值都不为 3。这两者结合表明各项变量都不属于正态分布,
存在极端值。具体来看,只有产业结构的偏度为负,表明该变量的分布具有左侧

拖尾的特征，均值左侧的离散度比右侧强；相反，其余各项变量的偏度为正，表明这些变量的分布具有右侧拖尾的特征，均值右侧的离散度要强于左侧。只有人口规模和能源结构的峰度值小于 3，表明这两个变量的峰比较矮，比正态分布的峰要平缓；相反，其余变量的峰度值要大于 3，表明这些变量的峰比较尖，相比正态分布的峰更为陡峭。进一步，通过 Jarque-Bera 检验判定各项变量是否属于正态分布，结果表明所有变量的统计量都拒绝了属于正态分布的原假设，这佐证了在探究这些变量间的关系时应采用面板分位数回归。

表 4-2 　　　　　　　　　　　　　　　**变量的描述性统计**

变量	ei	rgdp	pop	es	ind	fdi	tec
均值	0.1653	2.8389	4466.6	0.1430	0.3944	0.0228	31474.5
标准差	0.1233	1.6895	2678.4	0.0369	0.0834	0.0175	52090.8
最小值	0.0578	0.5056	547.7	0.0724	0.1184	0.0004	97.0
中位数	0.1206	2.3962	3823.5	0.1375	0.4076	0.0184	11296.5
最大值	0.7165	9.5639	11169.0	0.2450	0.5358	0.0819	332652.0
偏度	2.5688	1.3160	0.6147	0.4283	−1.1033	1.2095	2.9994
峰度	9.5604	4.6560	2.5431	2.5381	4.1630	4.3392	12.4822
Jarque-Bera 检验	1042 ***	145.1 ***	25.8 ***	14.2 ***	93.33 ***	114.7 ***	1888 ***

注：***、**、* 分别表示 1%、5% 和 10% 的显著性水平。

四、电力强度省际差异化特征分析

1. 电力强度差异化测度结果分析

依据泰尔指数的测算公式，分别测算了总体泰尔指数，区域内泰尔指数和区域间泰尔指数，结果如图 4-1 所示。

整体来看，总体泰尔指数在整个考察的时间段内是增加的，由 2006 年的 0.0440 增加到了 2017 年的 0.0755，这表明中国电力强度省际的差异在这一时期

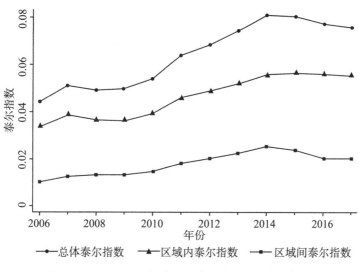

图 4-1　2006—2017 年中国电力强度差异的泰尔指数

是扩大的。具体来看，总体泰尔指数的变动大致可以分成两个阶段：2006—2014 年的波动上升和 2014—2017 年的持续下降。在前一阶段，除 2007—2018 年有短暂的下降外，其余各年份总体泰尔指数都处于上涨趋势，这表明各省市电力强度的非均衡程度一直在变大。而在后一阶段，中国经济正处于新常态阶段，总体泰尔指数是下降的，这在一定程度上反映了中国经济以高质量发展为导向的增长模式推动了各省市电力强度的趋同化发展。从分解结果来看，区域内泰尔指数的值在各年份都大于区域间泰尔指数，这表明各省市电力强度的差异主要来源于区域内的差异。此外，区域间泰尔指数和区域内泰尔指数的变动趋势与总体泰尔指数的变动趋势相似，都是在 2014 年波动增长到最大值后呈现下降趋势，特别是区域间泰尔指数的下降趋势更为明显，这反映了区域间泰尔指数对总体泰尔指数贡献率下降的事实。因此，从促进各省市电力强度均衡化发展的角度讲，政府政策的重心应落在对区域内电力强度差异的调整缩减上。

图 4-2 进一步反映了各经济区域内部泰尔指数在研究考察期内的变动。从该图可以看出，不同经济区域内部泰尔指数差异明显。从历年来的均值来看，西部地区泰尔指数最大，其次是中部地区和东部地区，最小的是东北地区，这表明西部地区内部各省市电力强度的非均衡特征最为明显，而东北地区内部各省市电力

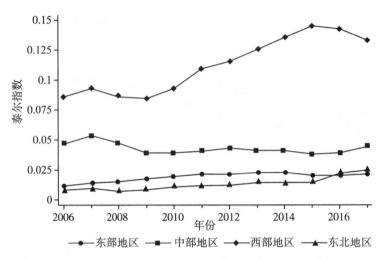

图 4-2　2006—2017 年中国各经济区域电力强度差异的泰尔指数

强度表现出最显著的趋同化特征。从各区域泰尔指数的变动趋势来看，西部地区内部泰尔指数呈现出与区域内泰尔指数相似的变动趋势，这主要是由于相比其他地区，西部地区对区域内泰尔指数的贡献率最高；而东部地区、中部地区以及东北地区内部的泰尔指数整体上变动不大，呈现出相对较为稳定的特征。

2. 电力强度差异化影响因素分析

（1）面板单位根检验

为避免发生虚假回归，在进行回归分析前需对拟采用的面板数据进行单位根检验，即分析数据的平稳性。本书拟采用的面板数据属于短面板，即"大 N 小 T"型，文献中较为常用的适用于短面板得单位根检验有 LLC 检验、IPS 检验、Fisher-ADF 检验及 Fisher-PP 检验等。这四个检验的原假设都设定面板中所有截面对应的序列都是非平稳的，但是当原假设被拒绝后，只有 LLC 检验认为所有截面序列均是平稳的，而其他三个假设则认为至少一个截面序列是平稳的。此外，LLC 检验和 IPS 检验都是以对单个截面进行 ADF 检验后得到的 t 值的均值为基础构建统计量的，而 Fisher-ADF 检验和 Fisher-PP 检验则是基于执行 ADF 检验得到的 p 值构建统计量的。考虑到各检验间存在的差异，本书对这四种检验方法都予以采用，以期验证结果的一致性，避免单一方法可能引起的误差。表 4-3 汇报了上述四种面板单位根检验的检验结果。

表 4-3 面板单位根检验结果

检验方法	LLC	IPS	Fisher-ADF	Fisher-PP
$\ln Ei$	-0.141^{***}	-1.014	30.627	33.461
$\Delta\ln Ei$	-1.197^{***}	-2.333^{***}	234.825^{***}	219.595^{***}
$\ln Gdp$	-8.377^{***}	-1.519	281.002^{***}	763.674^{***}
$\Delta\ln Gdp$	-9.469^{***}	-1.963^{***}	165.582^{***}	85.818^{**}
$\ln Pop$	-1.905^{***}	-1.304	47.621	152.871^{***}
$\Delta\ln Pop$	-2.901^{***}	-2.830^{***}	101.100^{***}	117.023^{***}
$\ln Es$	-9.592^{***}	-1.551	35.444	31.420
$\Delta\ln Es$	-13.399^{***}	-2.146^{***}	172.217^{***}	283.828^{***}
$\ln Ind$	-11.377^{***}	-1.933^{***}	19.145	17.442
$\Delta\ln Ind$	-10.712^{***}	-1.927^{***}	97.219^{***}	150.492^{***}
$\ln Fdi$	-31.765^{***}	-0.720	87.144^{**}	183.185^{***}
$\Delta\ln Fdi$	-12.195	-2.113^{***}	232.394^{***}	256.063^{***}
$\ln Tec$	-9.225^{***}	-1.489	141.809^{***}	127.270^{***}
$\Delta\ln Tec$	-12.685^{***}	-2.215^{***}	152.558^{***}	286.674^{***}

注：***、**、*分别表示1%、5%和10%的显著性水平。

从表4-3可以看出，无论是被解释变量还是解释变量，各变量的原始序列都没有同时通过这四种检验，检验结果的不一致导致无法准确判定原始序列是否是平稳的。而在对各变量的原始序列进行差分操作转化为相应的一阶序列后再进行检验，发现这些一阶变量都同时通过了各项检验，检验结果具有一致性，这表明所考察变量均是一阶单整，即一阶差分序列是平稳的。

（2）面板协整检验

考虑到被解释变量和解释变量都是一阶单整的，可进一步执行面板协整检验判定各变量间是否存在协整关系。协整关系分析的是各非平稳序列构成的线性组合是否具有长期稳定的均衡关系。常用的面板协整检验有 Kao 检验、Pedroni 检验和 Westerlund 检验，其原假设都设定各变量间不存在协整关系。依据是否假定面板是同质的，可将面板协整检验方法分为两类：同质面板协整检验和异质面板协整检验。其中，Kao 检验属于同质面板协整检验，其假定各截面在协整关系里的短期动态系数和长期协整关系系数相同；而 Pedroni 检验和 Westerlund 检验都属于异质面板协整检验，其假定各截面在协整关系里的短期动态系数和长期协整关系系数不同。为确保检验结果的稳健可靠，本书对这三种检验方法都予以采用，其检验结果展示在表 4-4 中。从该表可知，无论是何种检验，其相应的统计量都通过了显著性检验，这表明所考察的变量组成的线性组合存在长期稳定的均衡关系。

表 4-4　　　　　　　　　　　面板协整检验结果

检 验 方 法	统 计 量 名	统 计 量 值
Kao 检验	Dickey-Fuller	1.819**
	Modified Phillips-Perron	2.457***
Pedroni 检验	Modified Phillips-Perron	8.310***
	Phillips-Perron	-9.283***
	Augmented Dickey-Fuller	-8.125***
Westerlund 检验	Variance ratio	3.781***

注：***、**、*分别表示 1%、5% 和 10% 的显著性水平。

（3）面板固定效应回归估计结果分析

在开展面板惩罚分位数回归估计前首先对面板数据进行了传统的回归估计，其结果展示在表 4-5 中。

表 4-5　　　　　　　　传统面板数据模型的回归估计结果

解释变量	混合回归	固定效应	随机效应
$lnrgdp$	-0.263*** (-4.85)	-0.623*** (-13.64)	-0.602*** (-13.48)

续表

解释变量	混合回归	固定效应	随机效应
ln*pop*	−0.175***	−0.253*	−0.300***
	(−4.03)	(−1.94)	(−4.68)
ln*es*	0.849**	0.995***	0.987***
	(13.90)	(18.69)	(18.95)
ln*ind*	0.617***	0.189***	0.203***
	(10.87)	(4.75)	(5.30)
ln*fdi*	−0.169***	−0.034***	−0.040***
	(−11.05)	(−3.43)	(−4.01)
ln*tec*	−0.087***	0.049***	0.042**
	(−3.20)	(2.58)	(2.22)
常数项	2.070***	2.200**	2.605***
	(8.08)	(2.16)	(5.34)
R^2	0.7690		
F 检验		Hausman 检验	
F 统计量：128.99，P>F=0.0000		Chi2（7）统计量：101.43，P>chi2=0.0000	

注：***、**、*分别表示1%、5%和10%的显著性水平。

从该表可以看出，F 检验的 F 统计量在 1%的水平上高度显著，这表明应对面板数据采用面板变截距模型，而非固定截距模型，即混合回归不能够有效拟合各变量间的因果关系；Hausman 检验的 Chi 统计量也在 1%的水平上高度显著，这表明应对面板数据采用固定效应的变截距模型，而非随机效应的变截距模型。因而，与面板数据模型的混合回归和随机效应回归的估计结果相比，固定效应回归结果对电力强度和各因素间关系的描述更为有效和可靠。

从该表第三列展示的面板数据模型的固定效应回归估计结果可以观察到，各因素对电力强度存在着显著不同的影响。其中，经济发展对电力强度的影响在1%的水平上显著负相关，经济发展水平每提高1%意味着电力强度降低62.3%，这表明随着经济的发展，其在一定程度上对电力强度的降低具有促进作用。此外，人口规模和对外开放程度对电力强度也都存在负向影响，且各估计系数对应的 t 统计量都通过了显著性检验，这表明人口增长和 FDI 投资规模的扩大也能够在一定程度促进 GDP 增长实现对电力消费的解耦，人口每增长 1%和 FDI 投资规模每扩大 1%分别对应着电力强度 25.3%和 3.4%的下降。与上述三个因素的作用方向相反，能源结构、产业结构以及技术进步对电力强度的影响是正向的，且各估计系数对应的 t 统计量都在 1%的水平上高度显著，这表明电力消费比例的提高、工业增加值占 GDP 比重的上升以及专利申请数量的增加都在一定程度上对电力强度的降低具有阻碍作用，电力消费占比每提高 1%、工业增加值比重每上升 1%以及专利申请数量每增加 1%分别对应着电力强度 99.5%、18.9%以及 4.9%的提高。

（4）面板惩罚分位数回归估计结果分析

面板固定效应回归是从均值角度对电力强度与各因素间关系的考察，无法细致分析在不同的电力强度水平下各个因素对电力强度的异质化影响。鉴于此，接着引入基于面板数据模型的惩罚固定分位数回归深入探究不同影响因素对电力强度在不同分位水平的边际效应及其变化趋势。与面板固定效应回归相比，面板惩罚固定分位数回归的估计结果更为稳健可靠，且不易受到极端值的干扰，这主要是由于后者是通过残差绝对值的加权平均来寻找样本数据的最佳匹配函数，而前者是基于是残差平方和来匹配样本数据的最佳拟合函数。

为全面刻画各自变量对不同分布位置的因变量产生的差异化影响，本书以 10%为阶距，选择 10%、20%、30%、40%、50%、60%、70%、80%、90%共 9 个典型分位点进行回归分析，其结果呈现在表 4-6 中。从整体来看，各影响因素在面板惩罚固定分位数回归下对电力强度的作用方向与在面板固定效应回归下对电力强度的作用方向一致，验证了各影响因素在降低电力强度中所扮演的角色，但是值得注意的是，各影响因素在面板惩罚固定分位数回归下对电力强度的作用程度并不是单一的，而是在不同分位点下有着显著不同的作用程度。

对于经济发展对电力强度的影响，结果显示在不同的分位点其估计系数都在 1%的水平上高度显著为负，表明经济发展有利于电力强度的下降。观察不同分位点的系数估计值，可以看到，经济发展系数的绝对值呈递减趋势，由 10%分位点的 0.628 下降到了 90%分位点的 0.532，即在 10%分位点经济发展水平每提高 1%，电力强度下降 62.8%，而在 90%分位点电力强度下降幅度降低，缩减为

53.2%。这表明在其他因素保持不变的条件下，对于电力强度水平越高的时期区域，经济发展对降低其电力强度水平的作用愈弱。由电力强度的计算公式可知，电力强度是电力消费量与总的 GDP 的比值，总的 GDP 作为分母，必然决定了人均 GDP 与电力强度间的负向联系。依据分式图形可知，在分子恒定，分母以固定幅度稳定增长时，整个分式的值增长幅度是变慢的。通过假定各省市电力消费量相同，而 GDP 不同且保持稳定增长，可以从数学上理解经济发展系数绝对值随着分位点的增长而变小。另外，电力强度一定程度上反映了电力消费和经济发展间的耦合关系，电力强度越大意味着两者间的耦合程度越紧密，也就是说经济发展对电力能源的依赖程度越大。尽管经济发展能够促进电力强度的降低，但在惯性作用下电力强度较大的时期区域对现状的改变也相对不容易。与此相反，Ullah 等 发现经济发展促进了巴基斯坦电力强度的增加，这可能与不同经济体发展状况的不同有关。

与经济发展相同，对于人口规模对电力强度的影响，结果显示在不同的分位点其估计系数都在 1% 的水平上高度显著为负，这表明人口增长对电力强度的降低有积极作用。人口规模与人均 GDP 相乘是总的 GDP，换句话说，人口规模是决定电力强度的隐形分母，这也从而决定了人口规模对电力强度的负向影响。观察不同分位点的系数估计值，可以看到，中位点（50% 分位点）的人口规模系数估计值为 -0.246，这表明在其他因素不变的情况下，处于该分位点处的时期区域，人口规模每增长 1%，电力强度下降 24.6%。以中位点为界，从绝对值来看，高分位点处的人口规模系数要相对小于低分位点处的人口规模系数，这表明与高分位点的时期区域相比，处于低分位点的时期区域人口规模增长给电力强度降低带来的边际效应更大。究其原因，一方面，与人均 GDP 一样，从数学上分式的变动来说这在一定程度上与人口规模是电力强度的隐形分母有关；另一方面，从电力强度水平的地理分布来看，电力强度水平低的省市大多集中在东部地区，这些省市受益于其较高的科教水平、较高的城镇化率、较快的经济发展速度等，人口增长给 GDP 增长带来的红利超过了电力消费量的增长，引起电力强度相对较大的下降。

对于能源结构对电力强度的影响，结果显示在不同的分位点其估计系数都在 1% 的水平上高度显著为正，这表明电力消费在总能源消费中占比的提高对电力强度的降低具有抑制作用。电力消费量作为电力强度决定式的分母，其增长会带动电力强度水平的提高，这决定了以电力消费占比为表征指标的能源结构与电力强度的正向关联。在一定程度上，这两者间的正向关联也从侧面反映了现阶段中国的电力消费效率不高。观察不同分位点的系数估计值，可以看到，随着分位点的提高，能源结构的系数大致表现出波动下降的趋势，由10%分位点的0.923下降到了90%分位点的0.818，即电力消费占比每提高1%，电力强度由10%分位点处92.3%的增长幅度缩减到90%分位点出的81.8%。这表明在其他条件不变的情况下，对于电力强度水平越高的时期区域，能源结构对电力强度的提升作用愈加不明显。为构建清洁、低碳的新型能源体系，现阶段在全国范围内实施了电能替代，涵盖居民采暖领域、生产制造领域、交通运输领域以及电力供应与消费领域。尽管该战略的实施对推动电气化发展，提高电力消费占比有着极大的促进作用，但增加的电力消费带动的经济增长不能超过替代能源对应的经济增长则会引起电力强度的上升，特别是在电力强度较低的时期区域，其面临着这样更为严重的困境。

与能源结构一样，对于产业结构对电力强度的影响，结果显示在不同的分位点其估计系数都在1%的水平上高度显著为正，这表明工业增加值占比的提高并没有促进电力强度的下降，而是起反向作用。谢品杰等认为提高第三产业比重可以降低电力强度。不同产业部门的电力能源消耗密度存在差异。如果一个电力能源消耗密度大的产业部门，在国民经济中占有较高的份额且消费的电力能源增长又快，则会引起整个电力强度水平的提升，而工业部门正是这样的一个产业部门，其电力电能消费占比最大，以2016年为例，工业部门的占比达到72.30%。因此，可知工业增加值占比的提升会加快电力消费量的增长，进而引起电力强度增加。观察不同分位点的系数估计值，可以看到，随着分位点的提高，产业结构的系数大致呈递减趋势，由10%分位点的0.354下降到90%分位点的0.205，即在10%分位点工业增加值占比提高1%，电力强度增加35.4%，而在90%分位点电力强度增加20.5%。这表明在其他因素保持不变的情况下，对于电力强度水平越低的时期区域，产业结构对电力强度水平的提升作用愈强。从表面看，工业化是产业结构从农业主导到工业主导的转变过程。但是从实质上说，这种转变不仅仅是工业增加值占比份额实现最大，而是涉及生产要素的组合和利用方式转变及效率提升等多方面的高级化演变。在电力强度较低的时期区域，工业增加值占比提升导致更大程度的电力强度增加，其更应转变电力能源的利用方式和提高其消费效率，推动工业化高质量发展。

对于对外开放程度对电力强度的影响，结果显示在不同的分位点其估计系数都为负，除在10%分位点通过10%的显著性水平外，其余各分位点都在1%的水平上高度显著，这表明FDI投资规模的扩张对电力强度的降低具有积极作用，这一发现也被姚昕等证实。作为国际资本转移的一种重要方式，FDI的引入对东道主带来了资金、技术、人才等，由于其技术溢出效应推动了电力消费效率的提高，进而引起电力强度的下降。观察不同分位点的系数估计值，可以看到，随着分位点的提高，对外开放程度系数估计值的绝对值大致表现出增长的趋势，由10%分位点的0.037上升到了90%分位点的0.078，即FDI投资额占GDP的比重每提高1%，电力强度在10%分位点增加3.7%，而在90%分位点增加7.8%。这表明在其他因素相同的情况下，对于电力强度水平越高的时期区域，对外开放程度对电力强度降低的促进作用越明显。造成这一现象的可能原因是不同分位点的时期区域对FDI的吸收能力存在差异。在电力强度水平高的时期区域，其电力能源的消费效率相对不高，与FDI的来源国差距更为明显，相比电力强度水平高的时期区域具备更大的吸收能力。因此，各省市积极为外资项目的实施创造条件，给予外资适度倾斜政策，合理引导外资投向，以提高自身承接外资的服务能力。

对于技术进步对电力强度的影响，结果显示在不同的分位点其估计系数都为正，但是只有介于10%~60%的分位点通过了显著性检验，处于70%~80%的分位点没有通过显著性检验，这表明只有在10%~60%分位点的时期区域，技术进步对电力强度有负向影响，在其他分位点作用不明显。这一发现有悖常规结论，其可能原因是，技术进步可能导致了回弹效应的发生。尽管技术进步可以改善电力消费效率，引起电力强度的下降，但也会促进国民经济的发展，导致对电力能源的需求大幅度增加，从而可能使得电力强度会增加。此外，处于70%~80%分位点的时期区域回弹效应较大，导致技术进步对电力强度的作用没有显现出来。回弹效应的发生可能与本书用以表征技术进步的指标有关联。由于对纯电力方面的技术进步很难用概括性的数据描述，本书在表征技术进步时采用的是区域性的指标，即地区专利授权数量，这些只有极少部分应用在电力方面，其描述的是整个区域的技术进步情况，涉及地区经济发展的方方面面，这样引起的经济增长规模也更大。观察处于10%~60%分位点的系数估计值，可以看到，随着分位点的提高，技术进步的系数呈下降趋势，由0.056下降到了0.039，即专利授权数量每增加1%，电力强度提高程度由10%的5.6%缩减到60%的3.9%。这表明在其他因素不变的情况下，对于电力强度水平越高的时期区域，技术进步阻碍电力强度降低的作用越明显。造成这一现象的可能原因是，在电力强度水平越高的时期区域越可能发生回弹效应。

表4-6 面板数据模型的惩罚分位数回归估计结果（$\lambda = 1$）

解释变量	10th	20th	30th	40th	50th	60th	70th	80th	90th
ln$rgdp$	-0.628***	-0.608***	-0.598***	-0.595***	-0.579***	-0.571***	-0.565***	-0.561***	-0.532***
	(-10.61)	(-10.41)	(-10.75)	(-10.63)	(-10.57)	(-10.48)	(-10.29)	(-9.97)	(-8.90)
lnpop	-0.243***	-0.251***	-0.254***	-0.257***	-0.246***	-0.252***	-0.249***	-0.248***	-0.236***
	(-4.34)	(-4.46)	(-4.74)	(-4.80)	(-4.52)	(-4.52)	(-4.24)	(-3.93)	(-3.54)
lnes	0.923***	0.866***	0.833***	0.817***	0.817***	0.806***	0.807***	0.828***	0.818***
	(5.19)	(4.90)	(5.12)	(5.39)	(5.73)	(5.90)	(6.13)	(6.28)	(6.21)
lnind	0.354***	0.372***	0.334***	0.305***	0.296***	0.299***	0.262***	0.234***	0.205***
	(5.66)	(6.11)	(5.89)	(5.25)	(4.65)	(4.76)	(4.16)	(3.54)	(3.07)
lnfdi	-0.037*	-0.046***	-0.053***	-0.056***	-0.055***	-0.057***	-0.054***	-0.058***	-0.078***
	(-1.85)	(-2.68)	(-3.45)	(-3.76)	(-3.64)	(-3.75)	(-3.42)	(-3.12)	(-3.28)
lntec	0.056**	0.053**	0.052**	0.051*	0.040*	0.039*	0.034	0.031	0.030
	(2.55)	(2.33)	(2.38)	(2.31)	(1.82)	(1.78)	(1.49)	(1.32)	(1.30)
常数项	1.929**	1.893***	1.808***	1.793	1.799***	1.833***	1.849***	1.879***	1.659***
	(4.45)	(4.45)	(4.33)	(4.53)	(4.77)	(4.88)	(4.86)	(4.65)	(3.67)

注：***、**、*分别表示1%、5%和10%的显著性水平。

3. 影响因素的差异化贡献度分析

在根据基于回归的Shapely分解方法对影响各省市电力强度差异的各因素贡献度进行分解时，应首先确定电力强度的决定方程。考虑到面板中位数回归采用的是最小绝对值离差估计，对离群值表现得更加稳健，且对误差项没有很强的假设要求，在此选择面板惩罚分位数回归在 50% 分位点的估计结果作为电力强度的决定方程。此外，该模型估计的各变量的影响系数都即符合理论预期，又都同时满足基于回归的 Shapely 分解方法要求的解释变量的系数应通过显著性检验的条件，说明选择面板中位数回归作为电力强度的决定方程具有较高的可信度。尽管基于回归的 Shapley 分解方法对决定方程的形式没有任何限制，但由于在前文对电力强度差异的影响因素进行回归分析中，对各变量都进行了对数化操作，即回归方程是双对数回归方程，考虑到考察的是电力强度的差异性，而非电力强度对数的差异性，因而需要对回归方程两边都进行反对数化操作。在该情况下，常数项将变成一个标量，其对电力强度差异不会产生影响，因而可以从决定方程中移除掉。在此基础上，以泰尔指数为电力强度差异的度量指标，采用联合国发展研究院开发的 Java 软件，对影响电力强度差异的各因素进行 Shapely 值分解，表4-7 汇报了各因素对电力强度差异的贡献率。

表 4-7 　基于面板惩罚分位数回归的电力强度差异的 Shapely 分解结果（%）

年份	rgdp	pop	es	ind	fdi	tec
2006	51. 13	28. 86	27. 99	−2. 31	5. 66	−11. 33
2007	47. 49	29. 18	28. 02	−0. 98	7. 24	−10. 96
2008	46. 88	28. 44	28. 31	−1. 61	8. 22	−10. 24
2009	46. 26	27. 86	29. 31	−1. 80	8. 02	−9. 65
2010	42. 21	28. 91	33. 44	−1. 27	7. 67	−10. 96
2011	40. 20	28. 24	35. 23	−0. 60	7. 66	−10. 73
2012	40. 93	27. 66	34. 77	−1. 16	8. 69	−10. 90
2013	41. 93	28. 13	30. 82	−1. 07	11. 24	−11. 05
2014	39. 83	28. 39	30. 62	−1. 28	12. 81	−10. 37
2015	42. 66	28. 98	29. 00	−2. 12	11. 76	−10. 28
2016	41. 69	28. 99	26. 70	−0. 66	13. 10	−9. 82
2017	51. 13	27. 40	25. 59	−2. 04	14. 37	−8. 89
均值	43. 73	28. 42	29. 98	−1. 41	9. 70	−10. 43

分解结果表明，各因素对电力强度差异的贡献率存在较大的不同。从历年来

各因素的平均贡献率来看，排在首位的是经济发展，其贡献率由 2006 年的 51.13% 逐年递减到 2011 年的 40.20%，随后又波动反弹到 2017 年的 51.13%，从整个研究期间看，经济发展对电力强度差异的贡献率都是最大的，这表明长期以来各省市电力强度差异问题的存在，很大程度上归因于其经济发展的不平衡，经济发展较快的省市，其电力强度相对较小，而经济发展较慢的省市，其电力强度相对较大。能源结构和人口规模对电力强度差异的平均贡献率较为接近，分列第二位和第三位，其都加剧了各省市电力强度的差异。从变化趋势来看，人口规模对电力强度差异历年来的贡献率变动不大，在 27.40%～29.18% 波动；而能源结构对电力强度差异的贡献率先增长后下降，由 2006 年的 27.99% 持续增长到 2011 年的 35.23% 后，便稳定下降到 2017 年的 25.29%，这反映了随着电力消费占比的提高，其对电力强度差异的影响先变大后下降。排在第四位的是对外开放程度，其对电力强度差异的贡献率呈逐年增长的态势，这反映了随着 FDI 投资规模的扩大，其对电力强度差异的影响也越来越大。与前四位的影响因素不同的是，产业结构和技术进步对电力强度差异的贡献率为负，这说明产业结构和技术进步对电力强度差异的缩小有积极的影响，且后者的影响要大于前者。从历年来的变动趋势来看，产业对电力强度差异的贡献率波动不大，维持在较低的水平，而技术进步对电力强度差异贡献率的绝对值有增大趋势，反映了随着技术的进步，其对电力强度差异影响的增强。

4. 稳健性检验

为有效验证本章实证分析结果的可靠性，从以下三个方面对其进行了稳健性检验。

第一，在前文对电力强度差异进行测度时，本章考虑到不平等指标的可分解性，选用的是泰尔指数，但由于该指标只对较高电力强度水平的变化敏感，无法全面反映省际电力强度的差异性，因此仍需结合其他不平等指标使用。在此，同时运用基尼系数和变异系数分析电力强度的差异性，以避免指标筛选引起测度误差。通常而言，基尼系数对中等电力强度水平的变化更为敏感，而变异系数对较低电力强度水平的变化较为敏感。图 4-3 呈现了基于基尼系数和变异系数对电力强度差异的衡量结果。与图 4-1 进行对比后，可以看出，这两个指标的测度结果与基于泰尔指数对电力强度差异的测度结果基本是一致的，整体上都反映了省际电力强度差异经历了先扩大再缩小的趋势。

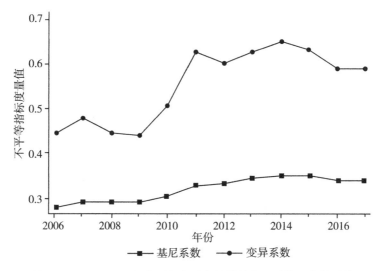

图 4-3　2006—2017 年中国电力强度差异的基尼系数和变异系数

第二，在前文对电力强度差异化的影响因素进行分析时，本章采用的是面板惩罚分位数回归，但由于该模型的估计结果易受调节因子 λ 的干扰，其控制着个体效应对模型估计带来的影响，因此有必要选用其他 λ 值以验证结果的有效性。

表 4-8　　　面板数据模型的惩罚分位数回归估计结果（$\lambda=1.3$ 或 0.7）

解释变量	10th	20th	30th	40th	50th	60th	70th	80th	90th
$\lambda=1.3$									
ln$rgdp$	-0.623***	-0.596***	-0.580***	-0.573***	-0.574***	-0.568***	-0.569***	-0.565***	-0.544***
	(-8.42)	(-8.56)	(-8.37)	(-8.23)	(-8.80)	(-9.34)	(-9.78)	(-9.98)	(-9.68)
lnpop	-0.244***	-0.264***	0.262***	-0.256***	-0.256***	-0.265***	-0.273***	-0.267***	-0.260***
	(-4.80)	(-5.28)	(-5.33)	(-5.21)	(-5.21)	(-5.27)	(-5.23)	(-4.84)	(-4.54)
lnes	0.921***	0.856***	0.819***	0.802***	0.803***	0.783***	0.786***	0.796***	0.799***
	(4.57)	(4.24)	(4.26)	(4.58)	(4.89)	(5.01)	(5.10)	(5.12)	(5.26)
lnind	0.432***	0.480***	0.455***	0.401***	0.389***	0.387***	0.372***	0.333***	0.305***
	(6.82)	(7.61)	(7.19)	(6.29)	(5.73)	(5.61)	(5.34)	(4.48)	(4.06)

续表

解释变量	10th	20th	30th	40th	50th	60th	70th	80th	90th
lnfdi	−0.032 *	−0.036 **	−0.043 ***	−0.043 ***	−0.044 ***	−0.042 ***	−0.046 ***	−0.050 ***	−0.071 ***
	(−1.83)	(−2.46)	(−3.23)	(−3.29)	(−3.58)	(−3.27)	(−3.11)	(−2.73)	(−3.17)
lntec	0.057 **	0.058 **	0.053 **	0.047 *	0.044 *	0.044 *	0.045 **	0.041 *	0.038 *
	(2.46)	(2.45)	(2.24)	(1.93)	(1.84)	(1.89)	(1.97)	(1.82)	(1.70)
$\lambda = 0.7$									
lnrgdp	−0.623 ***	−0.596 ***	−0.580 ***	−0.573 ***	−0.574 ***	−0.568 ***	−0.569 ***	−0.565 ***	−0.544 ***
	(−9.18)	(−9.14)	(−8.963)	(−8.915)	(−9.14)	(−9.44)	(−9.78)	(−9.68)	(−9.59)
lnpop	−0.244 ***	−0.264 ***	−0.262 ***	−0.256 ***	−0.256 ***	−0.265 ***	−0.273 ***	−0.267 ***	−0.260 ***
	(−4.56)	(−4.94)	(−5.07)	(−4.99)	(−5.00)	(−5.13)	(−5.11)	(−4.80)	(−4.50)
lnes	0.921 ***	0.856 ***	0.819 ***	0.802 ***	0.803 ***	0.783 ***	0.786 ***	0.796 ***	0.799 ***
	(5.11)	(4.91)	(5.19)	(5.47)	(5.93)	(6.10)	(6.12)	(6.23)	(6.13)
lnind	0.432 ***	0.480 ***	0.455 ***	0.401 ***	0.389 ***	0.387 ***	0.372 ***	0.333 ***	0.305 ***
	(7.13)	(7.79)	(7.18)	(6.35)	(5.95)	(5.54)	(5.37)	(4.58)	(4.04)
lnfdi	−0.032 ***	−0.036 **	−0.043 ***	−0.043 ***	−0.044 ***	−0.042 ***	−0.046 ***	−0.050 ***	−0.071 ***
	(−1.74)	(−2.25)	(−2.95)	(−3.05)	(−3.17)	(−3.00)	(−3.17)	(−2.97)	(−3.27)
lntec	0.057 *	0.058 **	0.053 **	0.047 *	0.044 *	0.044 *	0.045 *	0.041 *	0.038 *
	(2.31)	(2.25)	(2.09)	(1.89)	(1.81)	(1.86)	(1.91)	(1.74)	(1.71)

注: *** 、 ** 、 * 分别表示 1%、5% 和 10% 的显著性水平。

考虑到前文测算中采用的 λ 值为 1，以该值为中心上下浮动，分别选取一个相应的代表数值，在此基础上对模型再次进行回归估计。当所取 λ 值大于 1 时，表示相比之前放宽了对个体效应的控制，而当 λ 值小于 1 时，表示相比之前加强了对个体效应的控制。表 4-8 汇报了当 λ 值分别为 1.3 和 0.7 的面板惩罚分位数回归的估计结果。与表 4-6 进行对比后，可以看出，从作用方向来看，无论是扩大或缩小 λ 的取值，各因素的作用方向与 λ 取值为 1 的情况相同，即经济发展、人口规模以及 FDI 对电力强度的降低起着促进作用，而能源结构、产业结构以及技术进步对电力强度的降低起着抑制作用；从作用程度来看，在 λ 取值为 1.3 或 0.7 的情况下，随着分位数的提高，各因素的作用程度与 λ 取值为 1 的情况都大体相同。

第三，在前文对电力强度影响因素的差异化贡献度进行分析时，本章采用的是基于回归的 Shapley 分解，但由于电力强度决定方程的选取会影响到分解结果，因而有必要利用其他决定方程来验证分解的有效性。

表4-9　　基于面板固定效应回归的电力强度差异的 Shapely 分解结果（%）

年份	rgdp	pop	es	ind	fdi	tec
2006	46.95	28.64	36.37	−1.78	2.45	−12.62
2007	44.96	28.62	35.84	−0.87	3.76	−12.31
2008	44.50	27.62	36.32	−1.40	4.36	−11.39
2009	43.76	27.07	37.04	−1.49	4.26	−10.64
2010	39.62	28.25	41.49	−1.13	4.04	−12.27
2011	38.22	27.26	43.07	−0.77	4.11	−11.89
2012	38.79	26.88	42.93	−1.17	4.66	−12.10
2013	41.20	27.61	38.67	−1.25	6.29	−12.52
2014	39.54	27.96	38.46	−1.45	7.31	−11.82
2015	42.14	28.27	36.79	−2.16	6.57	−11.61
2016	41.82	28.45	34.91	−1.36	7.29	−11.11
2017	43.17	26.92	34.02	−2.09	7.98	−9.99
均值	42.06	27.80	37.99	−1.41	5.26	−11.69

在前文分解中，电力强度决定方程选用的是面板惩罚分位数回归在50%分位点的估计结果，尽管其能够反映电力强度与其影响因素的一般关系，避免受极端异常值的干扰，但是更为适用于集中程度比较高的数据集，而对于比较分散的数据集，则更适合于从均值的角度来刻画这两者间的关系。鉴于此，以平均数替代中位数，基于均值回归，即面板固定效应回归进行电力强度差异的 Shapely 分解，且各自变量的系数都通过了显著性检验，满足 Shapley 分解的条件，详细分解结果见表4-9，其中不平等指标的度量仍然采用的泰尔指数。与表4-7进行对比后，可以看出，以面板固定效应回归的估计结果作为电力强度的决定方程进行的 Shapley 分解结果与以面板惩罚分位数回归的估计结果作为电力强度的决定方程进行的 Shapley 分解结果基本一致。一方面，各影响因素对电力强度差异的贡献率排序维持不变，按贡献率绝对值从大到小为经济发展、能源结构、人口规模，

技术进步、对外开放程度、产业结构;另一方面,经济发展、能源结构、人口规模以及对外开放程度仍然对电力强度差异的贡献率为正,而技术进步和产业结构对电力强度差异的贡献率维持为负。

五、本章小结

本章聚焦中国电力消费强度的省际差异化特征,采用泰尔指数衡量了电力强度的差异化程度,结合面板惩罚分位数回归和基于回归的 Shapley 分解分析了电力强度的影响因素及其对省际差异的贡献度,得出了如下主要结论:

(1)以电力消费量为权重构建的泰尔指数显示中国电力强度的省际差异在整个研究期内是扩大的,各省电力强度的发散化发展不利于全国电力能效的整体提升。但分阶段来看,在进入经济新常态以来,电力强度的省际差异在缩小,说明追求高质量的发展有利于各省电力强度的收敛化发展。泰尔指数的分解表明全国电力强度的差异主要来源于经济区域内,意味着如何以区域为整体,以区域内的省份为单位,缩小省份间的电力强度差距将是政府区域化发展政策的着重点。

(2)各省份历年来电力强度构成的数据集具有重右拖尾、高峰分布的特点,不适宜利用计量经济学的均值回归探究其影响因素。在选择合适指标表征经济发展、人口规模、能源结构、产业结构、对外开放程度以及技术进步等因素的基础上,构建面板惩罚分位数模型解读其对电力强度的影响。各因素对电力强度在每一分位点的影响存在异质性。经济发展、人口规模、对外开放程度促进了电力强度的降低,而能源结构、产业结构、技术进步抑制了电力强度的降低。此外,随着分位点的提高,各因素的作用程度呈现出不同的变化规律。

(3)在基于面板惩罚中位数回归的估计结果确定电力强度决定方程的基础上进行 Shapley 分解,分析电力强度的各影响因素对其省际差异的贡献度。在研究考察期内,经济发展、人口规模、能源结构、对外开放程度对电力强度省际差异的贡献为正,加剧了电力强度的省际差异化,而产业结构和技术进步对电力强度省际差异的贡献为负,缩小了电力强度的省际差异化。从历年来的平均贡献率绝对值来看,经济发展最大,意味着缩小地区经济发展差距有利于各省电力强度的趋同化发展,也是效果最为显著的。

　　本章在政策上所给予的启示有：第一，区域政策的制定和落实应向西部地区和东北地区有所偏向，各经济区域的能源政策也应有所差异，倾斜式结构性政策应成为未来产业政策的重心，此外，各经济区域应积极发挥协同效应，加强、加快技术的有效外溢，降低落后省份的电力强度，推动电力强度的趋同化发展。第二，应合理发挥电力强度各影响因素在其路径演进中所起的作用，如经济增长所带来的电力强度降低红利应继续加强，随外资引进所带来的资本和技术的积累和提升对电力强度的降低作用也应进一步强化，而对技术进步所引发的能源回弹效应则应进行科学评估以能及时调整政策。第三，推动各省份电力强度差异的缩小应在缩小其经济差距、提升人口质量、改善能源结构、优化外资结构和布局、调整产业结构以及加快技术进步等方面做出努力。

第五章　新常态下全要素电力消费效率的
时空分异特征分析

为探究中国全要素电力消费效率的时空分异特征，本章首先基于综合径向和非径向距离函数的 EBM（Epsilon Based Measure）模型从全要素角度对全国和各省电力能源的消费效率进行测度；然后，利用具有循环可加性的全域生产技术集 GML（Global Malmquist-Luenberger）指数从动态角度对全要素电力消费效率进行评价；接着，采用探索性空间数据分析对全要素电力消费效率的空间地理分布及集聚特征进行研究；最后，结合 σ 收敛分析和 β 收敛分析检验全要素电力消费效率是否存在收敛。

一、特征的事实性表现

尽管电力强度能够反映电力消费效率的水平，但这是一种从单要素角度进行的考察，考虑到电力能源需与其他要素相结合才能进行经济生产，理应从全要素角度对电力能源的消费效率进行系统测度。随着国家能源革命战略的深化实施，提高全要素电力消费效率对于加快电气化进程，缓解能源与环境矛盾，促进以电力为核心的能源转型具有重要的意义。现阶段已开展的全要素能源效率研究大多是围绕能源消费总量进行的，很少区分能源消费的具体形式，忽略了对单项能源品种效率的考察，而不同能源品种其能源效率具有显著的区别。由于现阶段电力消费量的增长速度超过其他任何能源品种消费量的增长速度，提高电力能源的消费效率对于整体能源效率的提升具有显著的提升作用。本书将全要素电力消费效率定义为在电力能源投入以外的其他要素保持不变的前提下，按照最佳生产实践，一定的产出所需的电力能源投入量与实际投入量的比值。在从全要素角度对电力能源效率进行考察中，首先要解决的问题是全要素测度体系的构建，其可借鉴对总体能源效率的研究，但是现有研究一般没有考虑环境的约束，或是在弱约束下进行的，即多数只考虑了 CO_2 排放。为了更好地模拟实际经济生产活动，应综合考虑 CO_2、SO_2、NOx 以及烟尘的排放等非合意产出，在环境的强约束下对全要素电力消费效率进行测度。由于各地区经济的发展程度、电力工业的发展水平等存在较大差异，可能导致其电力消费效率具有空间差异性，因此有必要对电力消费效率的空间特征进行分析，其能够对制定地区差异化的能源政策提供建议。长期来看，各地区的全要素电力消费效率应该实现趋同化发展，这对于实现区域协调发展有重要的意义，因此有必要对其收敛特征进行研究。

二、全要素电力消费效率的测度与分析模型

本节旨在构建全要素电力消费效率的测度和分析模型，首先介绍用以测度全要素电力消费效率的 DEA 的新技术 EBM 模型，其结合了径向模型和非径向模型的特点；接着，构建包含非期望产出的 GML 指数以从动态角度对全要素电力消费效率的变化进行评价；然后，将用以地理统计的探索性空间数据分析引入到对全要素电力消费效率空间集聚特征的分析中；最后，构建收敛分析模型，探究全要素电力消费效率的 σ 收敛和 β 收敛特征。

1. EBM（Epsilon Based Measure）模型

数据包络分析（Data Envelopment Analysis，DEA）是在运筹学、管理科学以及数理经济学等学科基础上发展起来的一个新的领域，其可对一组具有多投入和多产出特点的决策单元（Decision Making Units，DMU）进行相对效率评价，类属非参数方法，本质上是判断 DMU 是否位于生产可能集的"前沿面"上。该方法得以在经济与环境领域的效率测度方面受到广泛推广的原因在于：无须对数据进行综合，不受投入/产出指标量纲的影响；最优权重的取得依赖的是 DMU 输入输出的实际数值；投入指标和产出指标间的关系无须给出显示表达式。

传统的 DEA 模型大致可以分为两类，一类为 Charnes，Cooper 等人提出的径

向模型-CCR 模型和 BBC 模型，另一类为 Tone 提出的非径向模型-SBM（Slack Based Measure）模型。前者严格假定所有投入要素均应按同比例进行缩减，这不符合现实状况，也会高估效率值；后者尽管在测算中包含了非径向的松弛变量，可以规避投入要素同比例缩减的假设条件，但这一优化是以损失效率前沿投影值的原始比例信息为代价，此外，其在线性规划求解过程中也暴露出不足，即取零值和正值的最优松弛具有显著的差别。作为 DEA 效率评价模型的新发展，EBM（Epsilon Based Measure）模型是由 Tone 和 Tsutsui 在上述两者基础上于 2010 年提出的，其通过结合径向和非径向的混合距离函数放松了同比例改进的假设，不仅可以考虑投入目标值与投入实值的径向比例，而且能够反映各投入差异化的非径向松弛变量，得到的效率评价结果更为准确可靠。式（5-1）为根据输入离散度得到的径向到非径向的改变，反之亦然：

$$\gamma^* = \min_{\theta, \lambda, s^-}\theta - \varepsilon_x \sum_{i=1}^{m} \frac{w_i^- s_i^-}{x_{i0}}$$

$$\text{s. t.} \begin{cases} \sum_{j=1}^{n} X_j\lambda_j + S^- = \theta X_0 \\ \sum_{j=1}^{n} Y_j\lambda_j \geq y_0 \\ \lambda_j \geq 0 \\ s^- \geq 0 \end{cases} \tag{5-1}$$

式中，$i = 1, 2, \cdots, m$ 表示投入指标个数，$r = 1, 2, \cdots, s$ 为产出指标个数，θ 为 CCR 模型计算的径向效率值，下标 0 表示被评估决策单元，s_i^- 为第 i 个非径向的投入要素的松弛向量，w_i^- 为代表第 i 个投入要素的权重，并且满足 $\sum_{i=1}^{m} w_i^- = 1 (w_i^- \geq 0, \forall i)$，$\lambda_j$ 为权重向量。ε_x 为由投入指标离散程度决定的参数，表征非径向部分的重要程度，当 $\varepsilon_x = 0$ 时，EBM 模型将简化为径向的 CCR 模型，而当 $\varepsilon_x = 1$ 时 EBM 将转变为非径向的 SBM 模型。γ^* 为测度的最优效率分值，效率范围在 0 和 1 之间，效率等于 1 代表效率 DEA 有效，处于前沿面上，不足 1 时则是 DEA 无效。

2. GML（Global Malmquist-Luenberger）指数

EBM 模型是从静态角度反映同一时期不同省份电力消费的相对效率值，是针对某一时点的生产技术而言的。但由于生产过程的连续性，生产技术处于不断革新中，因此需要从动态角度对全要素电力消费效率进行评价，即从电力能源全要素生产率的视角衡量电力能源生产变化情况，Malmquist 生产率指数即可实现这一目的。该指数最初是由 Sten Malmquist 于 1953 年提出的，随后 Fare R 等人将 DEA 技术应用到 Malmquist 指数计算中，并将其变动分解为技术效率的变化和生产技术的变化，此后 Chung 等创新性地将含有非期望产出的方向距离函数纳入到 Malmquist 指数中，从而得到 ML（Mlamquist-Luenberger）指数。由于 ML 指数取自两个当期指数的几何平均，不具有循环累加性，且线性规划也存在无解的可能。为克服其缺陷，Oh 在全域生产技术的基础上提出了 GML（Global Mlamquist-Luenberger）指数。

从 t 期到 $t+1$ 期的 GML 指数可表示为：

$$GML_t^{t+1} = \frac{1 + \vec{D}_0^G(x^t, y^t, b^t)}{1 + \vec{D}_0^G(x^{t+1}, y^{t+1}, b^{t+1})} \tag{5-2}$$

式中，x^t 和 x^{t+1} 分别表示第 t 期和第 $t+1$ 期的要素投入向量，y^t 和 y^{t+1} 分别表示第 t 期和第 $t+1$ 期的期望产出向量，b^t 和 b^{t+1} 分别表示第 t 期和第 $t+1$ 期的非期望产出向量，$\vec{D}_0^G(x^t, y^t, b^t)$ 表示全域方向性距离函数。

GML_t^{t+1} 指数大于 1 和小于 1 分别表示全要素生产率的增长和下降。该指数可进一步分解为全域技术效率变化指数和全域技术进步指数。技术效率表征生产的前沿面不变，内部投入产出组合发生变化；技术进步表征生产前沿面的变动，即整个投入产出比例发生变化。分解公式为：

$$GML_t^{t+1} = GEFCH_t^{t+1} \times GTECH_t^{t+1} \tag{5-3}$$

$$GEFCH_t^{t+1} = \frac{1 + D_0^t(x^t, y^t, g^t)}{1 + D_0^{t+1}(x^{t+1}, y^{t+1}, g^{t+1})} \tag{5-4}$$

$$GTECH_t^{t+1} = \frac{\vec{D}_0^G(x^t, y^t, g^t)/1 + \vec{D}_0^t(x^t, y^t, g^t)}{\vec{D}_0^G(x^{t+1}, y^{t+1}, g^{t+1})/1 + \vec{D}_0^{t+1}(x^{t+1}, y^{t+1}, g^{t+1})} \tag{5-5}$$

式中，$GEFCH_t^{t+1}$为t期到$t+1$期全域技术效率的变化，大于 1 和小于 1 分别表示技术效率的提高和降低；$GTECH_t^{t+1}$为t期到$t+1$期全域生产技术的变化，大于 1 和小于 1 分别表示技术的进步和衰退。

3. 探索性空间数据分析

探索性空间数据分析（Exploratory Spatial Data Analysis，ESDA）是空间数据分析的一个重要分支，其整合了空间统计学和现代图形处理技术，以空间关联测度为基础，采用直观的方式考察空间数据的主要性质，主要包括空间相关性和空间异质性。从本质上讲，该方法是通过数据驱动来探索问题，而非建立在理论驱动基础上的演绎推理，其核心目的是发现空间数据背后隐藏的问题，为确认性空间数据分析（Confirmatory Spatial Data Analysis，CSDA）的开展提供前提和基础。

（1）空间权重矩阵的建立

空间权重矩阵的引入是空间统计学区别于传统统计学的显著特征，也是采用 ESDA 技术开展空间探索分析的先决条件，其目的在于界定考察对象在地理空间结构上的相互邻接关系。常用的空间权重矩阵生成方法主要有：基于临近概念建立、基于反地理距离建立和基于经济距离建立。最优空间权重矩阵的选取取决于所考察的对象和研究目的，考虑到电力消费效率的溢出效应主要以地理空间位置为媒介，本书从临近概念出发基于 Queen 邻接规则构建二元对称空间权重矩阵，具体定义为：

$$W = \begin{bmatrix} w_{11} & w_{12} & \cdots & w_{1n} \\ w_{21} & w_{22} & \cdots & w_{2n} \\ \cdots & \cdots & \cdots & \cdots \\ w_{n1} & w_{n2} & \cdots & w_{nn} \end{bmatrix} \tag{5-6}$$

式中，n为空间地理单元个数的统计，w_{ij}是矩阵中的元素，反映单元i和单元j的地理邻接关系，若其存在共同边界或共同顶点，则赋值为 1，否则赋值为 0，用数学语言表示为：

$$w_{ij} = \begin{cases} 1 & 单元\ i\ 与单元\ j\ 相邻 \\ 0 & 其他 \end{cases} \tag{5-7}$$

需要说明的是尽管海南省在地理上不与任何省份接壤，但考虑到其与广东省经济上存在的密切往来及历史渊源，在此认为海南省和广东省具有空间上的邻接关系，即取值为 1。

（2）全局 Moran's I 指数

全局空间自相关是对电力消费效率在整个区域空间分布特征的考察，借用全局 Moran's I 指数来衡量，其计算公式为：

$$I_g = \frac{n \sum\limits_{i=1}^{n} \sum\limits_{j=1}^{n} w_{ij} (x_i - u)(x_j - u)}{\sum\limits_{i=1}^{n} \sum\limits_{j=1}^{n} w_{ij} \sum\limits_{i=1}^{n} (x_i - u)^2} \tag{5-8}$$

$$u = \frac{1}{n} \sum\limits_{i=1}^{n} x_i \tag{5-9}$$

式中，I_g 是全局 Moran's I 指数值，n 是空间地理单元个数的统计，x_i 和 x_j 为单元 i 和单元 j 的属性观测值，w_{ij} 为单元 i 和单元 j 的空间权重，u 为 n 个样本单元属性观测值的均值。I_g 的值域处于 ［-1，1］ 之间，其绝对值越大，表示不同单元间的空间平均关联程度越大；若 I_g 的值为 0，表示各单元间相互独立，其属性值呈随机分布；若 I_g 的值为正，表示空间正相关，即具有相似属性的单元集聚在一起；若 I_g 的值为负，表示空间负相关，即具有相异属性的单元集聚在一起。上述空间关系成立的关键是该指数可以通过显著性检验，其通常采用标准化的正态 Z 统计量进行推断，即：

$$Z = \frac{I_g - E(I_g)}{SD(I_g)} \tag{5-10}$$

式中，Z 为检验统计量，$E(I_g)$ 为 I_g 的理论均值，$SD(I_g)$ 为 I_g 的理论标准差。

（3）局部 Moran's I 指数

局部空间自相关是对电力消费效率在局部空间分布特征的考察，借用局部 Moran's I 指数来度量。从本质上讲，该指数是全局 Moran's I 指数在局部空间上的分解，其可以反映单元属性观测值的局部空间集聚，评估哪些单元对全局空间自相关的贡献最大，计算公式为：

$$I_l = \frac{\sum\limits_{j=1}^{n} w_{ij} x_j}{\sum\limits_{j=1}^{n} x_j} \tag{5-11}$$

式中，I_l 为局部 Moran's I 指数值，公式中其余各项的含义同全局 Moran's I 指数中的含义。若 I_l 的值为正，表示一个属性观测高值单元被另一个属性观测高值单元或者一个属性观察低值单元被另一个属性观测低值单元所包围；若 I_l 的值为负，表示个属性观测高值单元被另一个属性观测低值单元或者一个属性观察低值单元被另一个属性观测高值单元所包围。

4. 收敛分析模型

收敛的概念源于数学，最初被应用于经济增长领域，用以研究区域发展不平衡问题，之后学者们借鉴其思想，将其引申扩展到其他领域问题的研究中，在此用以判断和分析全要素电力消费效率是否存在收敛。依据古典经济增长理论，收敛主要分两种类型：σ 收敛和 β 收敛。β 收敛是 σ 收敛的必要而非充分条件。

（1）σ 收敛

σ 收敛是从存量角度出发，对收敛概念给出的直观理解，起先用以描述不同经济体间收入或产出水平的不平衡程度随时间推移表现出的趋同趋势，在此用以反映不同省份间全要素电力消费效率的离散程度及其发展演变，即分析各省份全要素电力消费效率是否向同一水平靠近，可通过基尼系数（Gini index，GI）和变异系数（The squared coefficient of variation，CV^2）来衡量。

基尼系数，又称为洛伦茨系数，最早是经济学中用于直观检验居民收入分配公平程度的一项指标，在此将其应用到测度各省份全要素电力消费效率的不平等中。在测算中，首先以全要素电力消费效率为指标，绘制相对应的洛伦茨曲线，然后通过定积分方法计算基尼系数值，具体计算公式为：

$$GI = 1 - 2\int_0^1 G(X)\,\mathrm{d}x \qquad (5\text{-}12)$$

式中，GI 指基尼系数值，处于 0~1 之间，其值越接近于 1，表示全要素电力消费效率的差异程度越大；其值越接近于 0，表示全要素电力消费效率的差异程度越小。

$G(x)$ 指洛伦茨曲线，可通过曲线的拟合而得。

变异系数，是样本分布特征估计方法的一种，其值为标准差和均值之比，不易受样本数量的影响，其计算公式为：

$$CV^2 = \frac{S}{\overline{EI}} \tag{5-13}$$

$$S = \sqrt{\frac{\sum\limits_{i=1}^{n} \left(EI_i - \overline{EI} \right)^2}{n}} \tag{5-14}$$

式中，CV^2 指变异系数值，EI_i 指 i 省份的全要素电力消费效率值，n 指省份个数，S 指全要素电力消费效率的标准差，$\overline{EI}$ 指全要素电力消费效率的均值。同基尼系数一样，随着时间的推移，变异系数值变小，则代表全要素电力消费效率存在 σ 收敛。

（2）β 收敛

β 收敛是从增量角度出发，对收敛概念做出的延伸解析，起先用以描述不同经济实体收入或产出水平增长率与其初始水平的负向关联关系。现借鉴该概念，用以检验全要素电力消费效率的改善速率与其初始水平的关系。依据是否假设各省份的经济基础相同，可将 β 收敛分为 β 绝对收敛和 β 条件收敛。在 β 绝对收敛下，各省份的社会经济基础条件相同，且各省份全要素电力消费效率都将收敛实现同一长期均衡状态；而在 β 条件收敛下，各省份全要素电力消费效率的改善除与初始水平相关外，还受其他因素的影响，如 GDP，产业结构，能源结构等，且各省份全要素电力消费效率收敛于各自的相对稳态。

β 绝对收敛的模型形式为：

$$\frac{1}{T}\ln\left(\frac{EI_{i,\,t+T}}{EI_{i,\,t}}\right) = \alpha + \beta\ln(EI_{i,\,t}) + u_{i,\,t} \tag{5-15}$$

式中，$EI_{i,\,t}$ 和 $EI_{i,\,t+T}$ 分别表示 i 省份第 t 年和第 $t+T$ 年的全要素电力消费效率值，$\ln\left(\dfrac{EI_{i,\,t+T}}{EI_{i,\,t}}\right)$ 为观察期 T 内 i 省份全要素电力消费效率的变化率，α 为常数项，β 为回归系数，$u_{i,\,t}$ 为误差项。若 β 值小于 0，则表示全要素电力消费效率存在 β 绝对收敛，即与全要素电力消费效率初始水平高的省份相比，全要素电力消费效率初始水平低的省份拥有较快的电力消费效率改善速度，其收敛速度 λ 计算公式为：

$$\lambda = -\frac{\ln(1+\beta)}{T} \tag{5-16}$$

β 条件收敛是在 β 绝对收敛模型的基础上增加合适的控制变量，模型具体形式（5-17）所示：

$$\frac{1}{T}\ln\left(\frac{EI_{i,\,t+T}}{EI_{i,\,t}}\right) = \alpha + \beta\ln(EI_{i,\,t}) + \sum_{k=1}^{m}\lambda_k x_{k,\,i,\,t} + u_{i,\,t} \qquad (5\text{-}17)$$

式中，$x_{k,\,i,\,t}$ 指 i 省份第 t 年第 k 个控制变量的值，m 指控制变量的个数，公式中其余项的含义同 β 绝对收敛模型一致。

为了使上述计量回归的时间序列表现出连续性，且尽可能利用所有样本数据，在具体回归时观察期 T 的时间跨度设定为 1。

三、全要素电力消费效率测度指标体系的构建

1. 研究范围及数据来源说明

本章研究对象为中国 30 个省、直辖市、自治区的全要素电力消费效率，时间跨度为 2006 年到 2017 年，共计 360 个样本。由于西藏、香港、澳门、台湾地区相关数据缺失，不包含在本研究中。此外，依据《中共中央、国务院促进中部崛起的若干意见》等国家促进区域协调发展的相关政策文件，将研究对象进一步划分为东部、中部、西部、东北共四个经济区域，各经济区域所包含的具体省份如表 5-1 所示。所有数据均来自 2007—2018 年的《中国统计年鉴》和各省份相应年份的统计年鉴。

表 5-1　　　　　　　　　　　　各经济区域包含的省份

经济区域	东部地区	中部地区	西部地区	东北地区
省份	北京市、天津市、河北省、上海市、江苏省、浙江省、福建省、山东省、广东省、海南省	山西省、安徽省、江西省、河南省、湖北省、湖南省	内蒙古、广西、重庆市、四川省、贵州省、云南省、陕西省、甘肃省、青海省、宁夏、新疆	辽宁省、吉林省、黑龙江省

2. 全要素电力消费效率测度指标体系

在应用 EBM 模型对全要素电力消费效率进行测度时，应保证投入指标和产出指标的相关性，此外，在选取指标时应遵循科学性、代表性、系统性等原则。在借鉴学者研究基础上，本书构建了如表 5-2 所示的全要素电力消费效率测度指标体系。国内已有研究在测度电力消费效率时，一般没有考虑环境的约束，或是在弱约束下进行的，即多数只考虑了 CO_2 排放。为更好地模拟现实经济生产活动，体现环境约束的限制，本书综合考虑四种非期望产出，即 CO_2、SO_2、NO_x 以及烟（粉）尘的排放，在环境的强约束下测度全要素电力消费效率。

表 5-2 全要素电力消费效率测度指标体系

评价对象	指标类别	指标名称	单位
电力消费效率	要素投入	资本要素	亿元
		劳动要素	万人
		电力能源要素	亿 kWh
	期望产出	GDP	亿元
	非期望产出	CO_2 排放量	万吨
		SO_2 排放量	万吨
		NO_x 排放量	万吨
		烟（粉）尘	万吨

（1）资本要素。资本要素以资本存量来衡量，由于缺乏官方发布的数据，本书借鉴绝大多数文献的做法，采用永续盘存法对其进行估算。依据单豪杰的计算方法：

$$K_t = I_t + (1 - \delta_t) K_{t-1} \tag{5-18}$$

式中，K_t 和 K_{t-1} 分别表示第 t 年和第 $t-1$ 年的资本存量，I_t 表示第 t 年的投资额，用当年的固定资本形成额代替，δ_t 表示资本折旧率，延续通用做法取 9.6%。为规避价格因素的影响，使用固定资产价格指数对资本存量进行平减，折算为以 2000 年为基期的可比价资本存量。

（2）劳动要素。劳动要素应以劳动时间来衡量，但考虑到该数据的不可得，本书借鉴通用做法，以各省份年末从业人口数来表征。

（3）电力能源要素。电力能源要素以各省份每年的电力消费量来衡量。

（4）期望产出。各项投入要素最终反映于 GDP 中，故以各省份每年的 GDP 作为期望产出的衡量指标，且采用 GDP 平减指数将其折算到以 2000 年为基期的价格。

（5）非期望产出。虽然电力能源是高效清洁的，但它属于二次能源，在生产过程中会引发环境问题，造成负的外部性，特别是在现阶段化石能源装机占比仍然居高不下的情况下，电力能源在生产过程中的环境污染问题应引起重视。本书将 CO_2，SO_2，NO_x 及烟（粉）尘纳入到非期望产出中，并采用熵权法进行降维处理得到非期望产出综合指数。

四、全要素电力消费效率的测度与分析结果

1. 全要素电力消费效率的时序演变特征分析

结合上文构建的测度指标体系，以中国 30 个省份为决策单元，采用 Maxdea Pro 软件对其全要素电力消费效率值进行测算。其中，鉴于各项投入产出指标都不存在零值，为避免模型导向选择引起效率测度误差，EBM 模型的运算是在非导向视角下进行的。

（1）国家和区域层面

图 5-1 描绘了 2006—2017 年中国及其各经济区域全要素电力消费效率随时间变化的趋势。首先，从全国总体来看，全要素电力消费效率在样本考察期内呈下降趋势，由 2006 年的 0.7182 下降到了 2017 年的 0.5907，均值为 0.6507，为非 DEA 有效，这说明全国整体的电力消费还未达到生产前沿面，存在着不容忽视的电力浪费、废气污染及烟尘排放问题，在保持现有技术水平不变，且在不增加任何投入要素的前提下，电力能源的消费效率存在着近 35% 的提升空间。从全要素角度和从单因素角度（电力强度）对电力消费效率的衡量是有很大差别的。正如 Carvalho 所论述的，尽管技术进步、向服务业转型的结构调整、购买高效设备等

可以促进电力强度的降低，但并不意味着这些技术的使用就是恰好最优的。此外，电力消费效率的提高也可能诱发回弹效应，当其对经济发展的促进效应大于带来的节能效应时，则可能会引起电力消费不降反增。

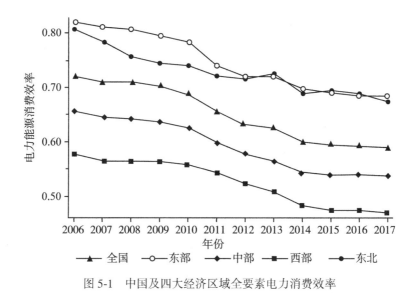

图 5-1　中国及四大经济区域全要素电力消费效率

　　其次，从区域层面来看，各经济区域的全要素电力消费效率表现出差异，但都在样本考察期内普遍呈下降趋势，东部地区由 2006 年的 0.8196 下降到了 2017 年的 0.6846，东北地区由 2006 年的 0.8070 下降到了 2017 年的 0.6749，中部地区由 2006 年的 0.6578 下降到了 2017 年的 0.5381，西部地区由 2006 年的 0.5741 下降到了 2017 年的 0.4699，这些都进一步验证了中国全要素电力消费效率处于下降的趋势。对比来看，全要素电力消费效率最高的经济区域是东部地区，东北地区次之，接着是中部地区，最低的经济区域是西部地区。各经济区域的全要素电力消费效率与其经济发展水平基本表现出协调一致性，两者走势大致趋同，都表现出明显的"东高西低"阶梯分布特征，经济发展水平较高的区域也倾向于具有相对较高的全要素电力消费效率，这可能是由于经济发展水平较高的区域可以较为充分地吸收利用其经济优势，在技术创新能力的探索和实践、经济结构合理化调整、产业结构高级化演变以及生态环境的保护等方面表现出相对优势，进而转化为电力能源利用方面的优势。从全要素电力消费效率下降程度来看，中部地区和西部地区相近，而东部地区和东北地区相近，前者较大，后者较小。这说明中部地区和西部地区在电力能源利用方面面临着相对较大的困境。

尽管无论从全国还是区域层面看，中国的全要素电力消费效率不断恶化性发展，但这一趋势在中国经济步入新常态以来表现出止缓回稳的态势，特别是2015年以来，全国和各经济区域的全要素电力消费效率都只发生了微小的变动。可能的原因是在经济新常态阶段，中国的经济发展逐渐摒弃了以往单一的规模粗放式增长向效率集约型增长过渡，同时也深化加强了各项生态文明建设工作，系统推进了节能减排政策，加快淘汰和化解了落后产能，极大地促进了能源利用方式的转变，对电力能源利用效率的改善起到了积极的作用。

（2）省域层面

表5-3汇总整理了各省、市、区在2006—2017年全要素电力消费效率的变化情况，可以看出，不同省自治区的全要素电力消费效率表现出很大的差异性。其中，北京、上海始终处于生产前沿面，为DEA有效，实现了电力消费的帕累托最优，这可能与北京和上海更为合理的产业结构、偏集约型的经济发展方式、更高的电力利用水平等因素有关；新疆、贵州、青海、宁夏的全要素电力消费效率最低，均值分别为0.4741、0.4345、0.3528、0.3087，这四个省份都来自西部地区，其经济发展的粗放式增长和生产技术水平的落后导致电力消费与经济发展、生态环境保护间矛盾突出；与其他中部地区相比，山西省的全要素电力消费效率最低，可能是受"资源诅咒"现象的影响，因其丰富的煤炭资源，山西省优先大力支持与煤炭资源相关产业的发展，特别是采掘业的发展，而对其他产业的发展重视程度不够，忽略了高端人力资本的积累和技术进步的提升，导致其产业结构的失衡，环境污染严重，电力能源利用水平低下。从样本考察期内时间序列上看，绝大多数省自治区的全要素电力消费效率都呈现下降趋势。与基期2006年相比，新疆、宁夏、青海、海南、云南、内蒙古、广西等省、自治区的全要素电力消费效率下降程度最大，累积降幅均在25%以上，这些地区也均处于西部地区，进一步验证了西部地区所面临形势的严峻，亟待改善其全要素电力消费效率。

表5-3 2006—2017年各省份全要素电力消费效率

省份	2006	2007	2008	2009	2010	2011	2012	2013	2014	2015	2016	2017	均值
北京	1	1	1	1	1	1	1	1	1	1	1	1	1
天津	0.9079	0.8645	0.8836	0.8757	0.8763	0.8618	1	1	1	1	1	1	0.9392
河北	0.6423	0.6317	0.627	0.6158	0.6135	0.5747	0.5557	0.5453	0.522	0.5198	0.5181	0.5195	0.5738
山西	0.5738	0.5633	0.5486	0.5205	0.5129	0.4946	0.4744	0.4636	0.436	0.4196	0.4176	0.4307	0.488
内蒙古	0.6511	0.6199	0.6106	0.5923	0.5579	0.5254	0.4954	0.4864	0.4619	0.465	0.4698	0.4691	0.5337
辽宁	0.8067	0.7927	0.7567	0.7541	0.7413	0.7096	0.6858	0.6895	0.6525	0.6578	0.6301	0.6341	0.7092
吉林	0.7486	0.7154	0.7095	0.7236	0.728	0.7159	0.8263	0.8498	0.7852	0.8255	0.76	0.7469	0.7612
黑龙江	1	1	1	1	1	1	1	1	1	1	1	1	1
上海	1	1	1	1	1	1	1	1	1	1	1	1	1
江苏	0.8124	0.8059	0.8122	0.8082	0.793	0.7471	0.7339	0.7425	0.7304	0.737	0.7295	0.7255	0.7648
浙江	0.8038	0.7849	0.7809	0.7565	0.7513	0.7146	0.7059	0.7038	0.6932	0.6947	0.697	0.6888	0.7313
安徽	0.7397	0.7251	0.7127	0.7063	0.7071	0.6777	0.656	0.6403	0.6138	0.6071	0.6053	0.6002	0.6659
福建	0.8917	0.8814	0.8633	0.8384	0.8124	0.754	0.7347	0.734	0.6987	0.6925	0.6877	0.6788	0.7723
江西	0.745	0.716	0.7207	0.7099	0.7014	0.6496	0.6396	0.6373	0.6196	0.6121	0.61	0.6078	0.6641
山东	0.7527	0.742	0.7447	0.7335	0.7211	0.6776	0.6623	0.6642	0.6423	0.6209	0.6181	0.6318	0.6843
河南	0.6677	0.6419	0.6242	0.6025	0.5832	0.5476	0.5236	0.5067	0.486	0.4984	0.5141	0.5146	0.5592
湖北	0.6784	0.6763	0.6849	0.6882	0.6849	0.6547	0.6384	0.6295	0.6106	0.6238	0.6273	0.6204	0.6515

续表

年份\省份	2006	2007	2008	2009	2010	2011	2012	2013	2014	2015	2016	2017	均值
湖南	0.7651	0.7553	0.7699	0.7584	0.7447	0.7077	0.6892	0.6842	0.6714	0.6824	0.6965	0.6963	0.7184
广东	1	1	1	1	1	1	1	1	1	0.8401	0.8139	0.793	0.9539
广西	0.6653	0.6471	0.6327	0.6033	0.5642	0.5212	0.4958	0.4989	0.4727	0.4773	0.4877	0.4808	0.5456
海南	1	1	1	1	1	1	0.7844	0.7534	0.7057	0.6888	0.7153	0.7164	0.8637
重庆	0.6877	0.677	0.6866	0.6855	0.6953	0.6875	0.7097	0.7079	0.6855	0.7091	0.7369	0.7296	0.6999
四川	0.6922	0.6959	0.6977	0.6989	0.6975	0.6976	0.6935	0.6899	0.6679	0.6667	0.6627	0.6612	0.6851
贵州	0.434	0.4359	0.4448	0.4486	0.4561	0.4644	0.4632	0.4466	0.4236	0.4105	0.3994	0.3863	0.4345
云南	0.5876	0.5702	0.5637	0.5665	0.5491	0.5174	0.496	0.4784	0.4451	0.4347	0.4263	0.4212	0.5047
陕西	0.5767	0.5719	0.5728	0.5762	0.5622	0.5284	0.5129	0.5096	0.4858	0.4975	0.4914	0.4811	0.5305
甘肃	0.58	0.5693	0.5466	0.5428	0.537	0.5317	0.5384	0.5253	0.501	0.4873	0.4847	0.4785	0.5269
青海	0.3956	0.3942	0.4044	0.4033	0.3982	0.387	0.3609	0.3388	0.3084	0.2901	0.2815	0.271	0.3528
宁夏	0.3627	0.3542	0.3574	0.3468	0.3351	0.3195	0.3074	0.2999	0.2758	0.2569	0.2479	0.2412	0.3087
新疆	0.5852	0.5592	0.5532	0.542	0.5234	0.499	0.4639	0.4361	0.4033	0.3833	0.3741	0.3667	0.4741

　　为进一步反映各省份全要素电力消费效率的动态演进特征和分布特征，采用 Gaussian 核函数，以带宽为 0.20，基于核密度估计绘制了样本考察期内全要素电力消费效率的概率密度分布图形，如图 5-2 所示。其中，横轴表示全要素电力消费效率值，纵轴反映了通过估计得到的相应概率密度值。

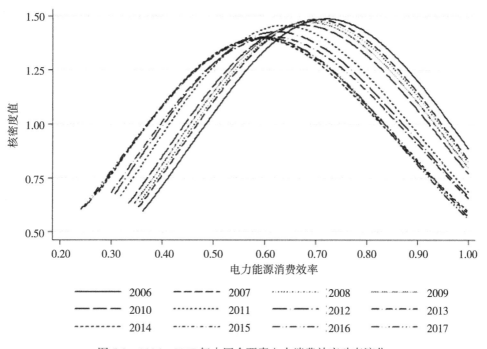

图 5-2　2006—2017 年中国全要素电力消费效率动态演化

　　从形状来看，在样本考察期内，所有年份各省份的全要素电力消费效率密度分布曲线都呈"单峰"分布，且不存在拖尾特征，这说明现阶段全要素电力消费效率的变化相对集中，只可能有唯一的收敛均衡点，不存在两极分化或多极分化的现象；从位置来看，密度分布曲线随着时间的推移表现向左推移的趋势，且波峰高度不断下降，在 2014 年以来出现了不大明显的左侧拖尾现象，这说明中国全要素电力消费效率处于下降的格局，集中度降低，且各省份间的差异正在扩大；从移动速度看，2006—2013 年密度分布曲线左移的速度较快，表明这一时期中国全要素电力消费效率下降速度较快，而 2013 年以后密度分布曲线的位置基本没有发生变化，这说明经济新常态以来各省份全要素电力消费效率逐渐趋于稳定，这主要是国家注重能源利用方式转变，提高能源利用效率工作的局面。

2. 全要素电力消费效率的 GML 指数分解分析

基于具有循环可加性的全域生产技术集 Global Malmquist-Luenberger（GML）指数动态分析中国电力能源全要素生产率的变动情况，并将其分解为用以表征生产前沿面变动的技术进步效应和用以表征向生产前沿面移动程度的技术效率变化效应。由于 GML 指数反映的是全要素生产率的相对数值，两年间会有一个数值，因此在立足于原有数据基础上，下文对该指数的分析均对应的是 2007—2017 年的时间段。

（1）国家和区域层面

图 5-3 描述了全国全要素电力消费效率 GML 指数及其分解效应的变化趋势。总体而言，全国全要素电力消费效率 GML 指数先下降后上升，在研究考察期内的均值为 1.0017，表明中国电力能源全要素生产率在这一阶段得到了提升。具体而言，除 2007 年、2008 年、2015 年、2016 年、2017 年外，其余年份的全要素电力消费效率 GML 指数都小于 1，表明在这些年份中国电力能源全要素生产率发生了退化。其中，2007 年的 GML 指数最大，为 1.0225，说明 2007 年的电力能源全要素生产率相比 2006 年增长了 2.25%，改善率最高；2011 年的 GML 指数最小，为 0.9877，说明 2010 年的电力能源全要素生产率相比 2010 年降低了 1.23%，退化率最为严重。从分解结果看，各年份的技术进步效应都要大于技术效率效应，且都大于 1，表明电力能源全要素生产率在这一时期的改善主要来源于技术进步效应。技术进步效应反映了生产前沿面的外移，中国在这一时期电力能源生产技术不断提高，消耗更少的电力能源等要素产生了更多的经济产出，同时排放的污染物也更少，这也反映了中国节电技术、清洁低碳生产技术的革新和发展，以及节能减排政策的深化、产业结构优化升级等举措推动了电力能源全要素生产率的提高。各年份技术效率效应都要小于 1，说明中国电力能源向电力能源生产前沿面的追赶不足，拖累了电力能源全要素生产率的提高，仍具有较大的提升空间。

图 5-4 描绘了各经济区域全要素电力消费效率 GML 指数及其分解效应变动趋势。从趋势对比来看，各经济区域全要素电力消费效率 GML 指数变动趋势差异明显。东北区域的 GML 指数大致呈上涨趋势，在 2007—2013 年其值要小于 1，

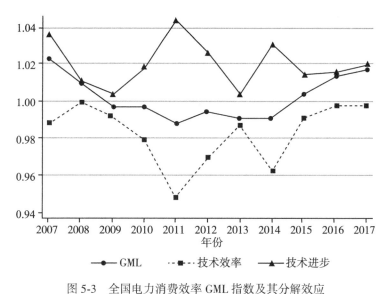

图 5-3　全国电力消费效率 GML 指数及其分解效应

而在 2013—2017 年其值大于 1，说明东北区域的电力能源全要素生产率近年来在不断改善；东部区域的 GML 指数除 2010 年外，其余年份的值都要大于 1，且在 1.0002~1.0346 之间微小波动，说明东部区域的电力能源全要素生产率研究考察期间处于不断优化的格局中；中部区域和西部区域的 GML 指数变动相似，都经历了先下降后上升的过程，但它们小于 1 的时间区间略有所不同，中部区域是在 2009—2014 年，而西部区域是在 2009—2015 年，在这些时间区间内它们的电力能源全要素生产效率出现了恶化现象。从均值来看，东部区域的全要素电力消费效率 GML 指数最大，东北区域次之，接着是中部区域，最小的是西部区域，这表明东部区域电力能源全要素生产率的改善程度要好于其他区域，而西部区域的电力能源全要素生产率改善相对较小。

从各经济区域全要素电力消费效率 GML 指数的分解结果来看，东北区域除在 2010 年、2011—2012 年，中部区域除在 2009 年，西部区域除在 2009—2010 年外，所有经济区域的技术进步效应都大于技术效率效应，且都大于 1，这表明各经济区域电力能源全要素生产率的改善主要依赖于技术进步效应，即最优生产前沿面的改善，该结论进一步验证了从全国角度分析得出的中国电力能源全要素生产率的改善主要在于技术进步的革新。从技术进步效应的均值来看，东部区域要大于其他三个区域，西部区域则最小，这表明技术进步效应在东部区域所起的作用最大，西部区域最小。

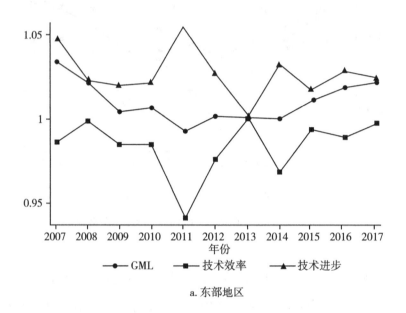

a. 东部地区

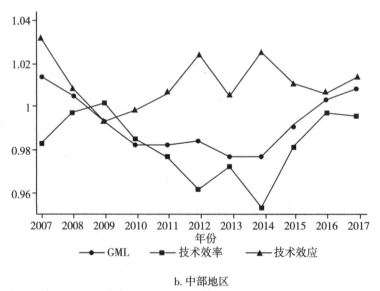

b. 中部地区

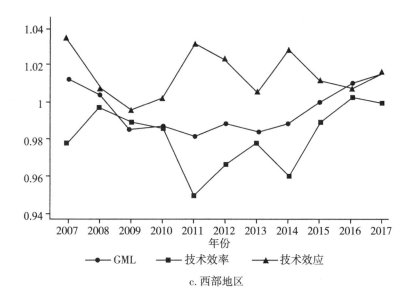

c. 西部地区

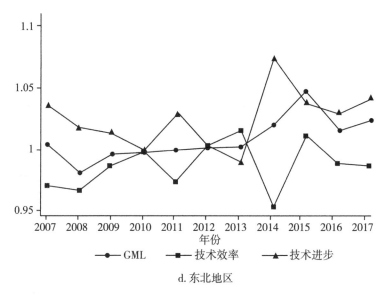

d. 东北地区

图 5-4 各经济区域全要素电力消费效率 GML 指数及其分解效应

（2）省域层面

表 5-4 汇总整理了各省份 2007—2017 年全要素电力消费效率 GML 指数及其分解效应的几何均值，并按 GML 指数进行了从大到小的排序。从表中可以看出，

有一半省份历年全要素电力消费效率 GML 指数的均值小于 1，表明这些省份的电力能源全要素生产率在逐年退化；而另一半省份历年全要素电力消费效率 GML 指数的均值大于 1，表明这些省份的电力能源全要素生产率在逐年提升。从 GML 指数的排序来看，北京电力能源全要素生产率的提升程度最大，平均每年的增幅为 4.70%，天津、上海、重庆、黑龙江、吉林平均每年的增幅超过了 2.00%；宁夏电力能源全要素生产率的降低幅度最大，平均每年的降幅为 2.85%，青海的平均降幅也超过了 2.00%。

表 5-4 　　　　　各省份全要素电力消费效率 GML 指数及其分解效应

省份	GML	技术效率	技术进步
北京	1.0470	1.0000	1.0470
天津	1.0451	1.0088	1.0359
上海	1.0383	1.0000	1.0383
重庆	1.0292	1.0054	1.0237
黑龙江	1.0288	1.0000	1.0288
吉林	1.0233	0.9998	1.0235
江苏	1.0174	0.9898	1.0279
浙江	1.0166	0.9861	1.0310
湖北	1.0141	0.9919	1.0224
四川	1.0122	0.9958	1.0164
湖南	1.0098	0.9915	1.0185
山东	1.0083	0.9842	1.0245
福建	1.0063	0.9755	1.0315
江西	1.0039	0.9817	1.0226
陕西	1.0020	0.9837	1.0186
安徽	0.9996	0.9812	1.0187
海南	0.9980	0.9701	1.0287
辽宁	0.9976	0.9784	1.0197
河北	0.9958	0.9809	1.0152
贵州	0.9950	0.9895	1.0056

省份	GML	技术效率	技术进步
广东	0.9941	0.9791	1.0153
河南	0.9897	0.9766	1.0134
甘肃	0.9888	0.9827	1.0062
内蒙古	0.9852	0.9706	1.0151
广西	0.9837	0.9709	1.0131
山西	0.9823	0.9743	1.0082
云南	0.9821	0.9702	1.0123
新疆	0.9812	0.9584	1.0237
青海	0.9772	0.9662	1.0114
宁夏	0.9715	0.9636	1.0082

从各省份的分解结果来看，所有省份的技术进步效应均大于1，而技术效率效应只有天津和重庆大于1，北京、上海和黑龙江等于1，表明各省份电力能源全要素生产率的提高主要在于技术进步。其中，电力能源全要素生产率提升幅度最大的北京，其技术进步效应平均增幅为4.70%，技术效率效应没有变动；电力能源全要素生产率降低幅度最大的宁夏，其技术效率效应平均降幅为3.64%，是所有省份中技术效率效应降幅最大的，拖累了电力能源全要素生产率的提高，此外，技术进步效应平均增幅也只有0.82%，说明其技术效率效应和技术进步效应都具有很大的提升空间。

3. 全要素电力消费效率的空间地理分布及集聚特征分析

（1）空间地理分布特征

基于四分位数准则，采用 GeoDa 1.12.161 软件绘制中国各省份全要素电力消费效率空间分布地图。①

第一类以 25 百分位为界，小于 25% 的省份有新疆、青海、甘肃、宁夏、山西、贵州、云南；第二类位于 25 百分位和 50 百分位之间，包括内蒙古、河北、

---

① 该空间分布图数据不包括西藏和港澳台地区。

河南、陕西、湖北、安徽、江西、广西；第三类处于 50 百分位和 75 百分位之间，包括吉林、辽宁、山东、江苏、浙江、湖南、重庆、四川；第四类大于 75 百分位，包括北京、天津、上海、黑龙江、广东、福建、海南。第一类主要集中了西部区域的省份，第二类和第三类主要集中了中部区域和东部区域的省份；第四类主要集中了东部区域的省份。从地理分布上来看，全要素电力消费效率整体呈现出东高西低的局面，从而进一步验证了上文全要素电力消费效率的分布。

（2）全局空间集聚特征

基于 Queen 邻接规则构建的空间权重矩阵，采用 GeoDa1.12.161 软件测算中国全要素电力消费效率的全局 Moran's I 指数，分析其全局分异格局特征，图 5-5 统计了 2006—2017 年中国各省份全局 Moran's I 指数值的变化情况。除 2012—2014 年的全局 Moran's I 指数值在 5% 的水平上显著外，其余各年份的指数值都在 1% 的水平上通过了显著性检验。整体来看，所有年份的全局 Moran's I 指数值都大于 0，这表明中国各省份全要素电力消费效率在空间上表现出正向自相关性，存在集聚分布特征。从数值变动来看，全局 Moran's I 指数在研究考察期内呈下降趋势，由 2006 年最大值 0.4394 波动下降到了 2017 年的 0.3571，整体下降了 18.73%，这反映了中国各省份全要素电力消费效率的空间集聚程度在减弱的格局。但是值得注意的是 2012 年以来全局 Moran's I 指数值波动不大，说明经济新常态以来中国各省份全要素电力消费效率的空间格局已趋于稳定，未发生较大的变化。

（3）局部空间集聚特征

全局 Moran's I 指数是从所考察范围的总体视角分析中国全要素电力消费效率的整体空间集聚特征，而忽略了对其局部空间集聚特征的考察，为此还需要借助局部 Moran's I 指数对其进行局部空间自相关分析。图 5-6 绘制了 2006 年、2012 年、2017 年中国各省份全要素电力消费效率的 Moran 散点图。①

表 5-5 具体展示了 2006 年、2012 年及 2017 年各象限所包含的省份。第一和第三象限的省份具有正的空间自相关，而第二和第四象限的省份具有负的空间自相关。绝大多数的省份都分布在第一和第三象限，因此整体上具有正的空间自相关。高-高类型和低-低类型的省份个数在 2006 年、2012 年和 2017 年分别为 25、

---

① 该数据不包括西藏和港澳台地区。

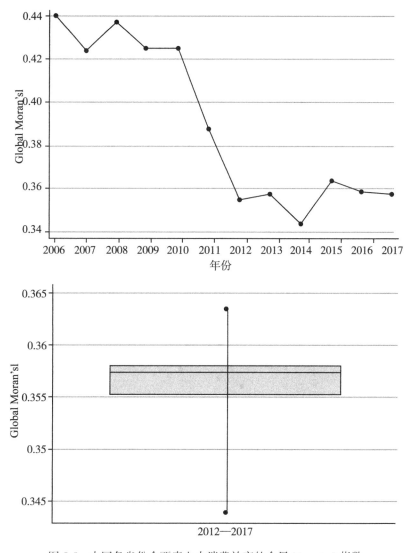

图 5-5　中国各省份全要素电力消费效率的全局 Moran's I 指数

21、20 个，数量的减少表明高-高集聚区域和低-低集聚区域呈逐年缩小的态势，低-高集聚区域和高-低集聚区域呈扩张态势。从 LISA 显著性水平图中可以看出，只有 2006 年存在高-高集聚区域，主要集中在浙江；低-低集聚区域在缩减，主要集中在新疆、甘肃、陕西等省、自治区；高-低集聚区域主要集中在四川；不存在低-高集聚区域。

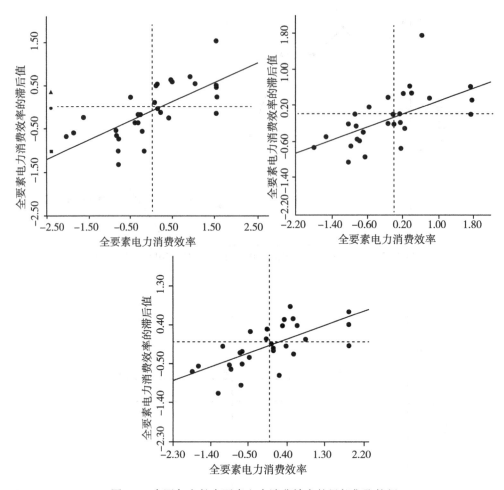

图 5-6 中国各省份全要素电力消费效率的局部集聚特征

表 5-5　　2006 年、2012 年及 2015 年 Moran 散点图所包含的省份

年份	高-高类型	低-高类型	低-低类型	高-低类型
2006 年	海南　福建　浙江 江苏　吉林　北京 天津　上海　广东 安徽	河北	贵州　内蒙古　青海　湖北　河南　陕西　宁夏　云南　山西　新疆　甘肃　广西　江西　重庆　四川	山东　辽宁 黑龙江　湖南

年份	高-高类型	低-高类型	低-低类型	高-低类型
2012 年	海南　福建　浙江 江苏　吉林　北京 天津　上海　广东	江西　河北 广西	贵州　内蒙古　青海　湖北　河南　陕西　宁夏云南　山西　新疆　甘肃安徽	山东　辽宁 重庆　四川 黑龙江　湖南
2015 年	海南　福建　浙江 江苏　吉林　北京 天津　上海　广东	江西　河北 安徽	贵州　内蒙古　青海　河南　陕西　宁夏　云南山西　新疆　甘肃　广西	山东　辽宁 重庆　四川 黑龙江　湖南湖北

4. 全要素电力消费效率的收敛性分析

(1) σ 收敛分析

σ 收敛分析是用以判断所研究区域内各省份间全要素电力消费效率的离散程度。为避免单一评估指标测度引起测度误差，本书结合使用基尼系数和变异系数对各省份全要素电力消费效率的总体差异进行综合评判，具体结果如图 5-7 所示。

从该图可以看出，在考察时间段内，全国和各经济区域的基尼系数和变异系数走势大致相同，都表现出向上的趋势，这说明无论从全国层面看还是区域层面看，中国全要素电力消费效率都没有表现出 σ 收敛现象，呈发散趋势。从局部变化轨迹来看，2014—2017 年，全国和东北区域的基尼系数和变异系数都基本没有变化，说明其全要素电力消费效率发散趋势已趋于稳定，而东部区域和中部区域的基尼系数和变异系数都略微有所下降，表明其全要素电力消费效率已逐渐趋于收敛，这对于缩小各省份的全要素电力消费效率差距是一个积极的信号。此外，西部区域在 2006—2010 年也出现了较为明显的 σ 收敛特征。从系数值的大小来看，各省份的全要素电力消费效率从全国层面来看空间差异最大，西部区域次之，接着是东部区域，最小的是中部区域。从区域协同发展的角度来讲，应针对不同区域制定差别化的政策以缩小区域间的全要素电力消费效率的差距，西部区域也应重点关注其区域内全要素电力消费效率低的省份，着力提高这些省份的电

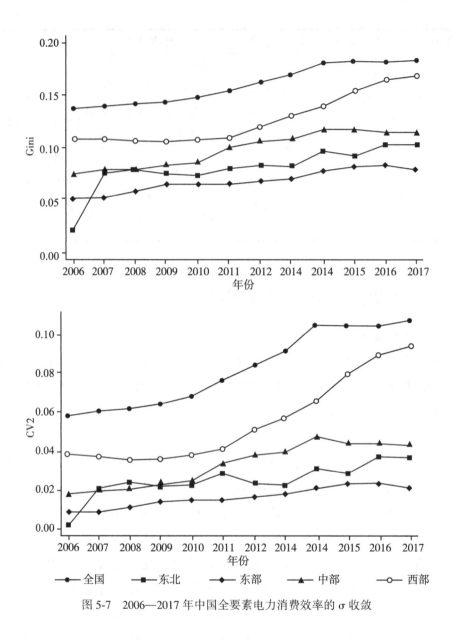

图 5-7　2006—2017 年中国全要素电力消费效率的 σ 收敛

力能源利用水平，以缩小区域内的差距。

（2）β 绝对收敛

β 收敛是 σ 收敛的必要非充分条件，反映了全要素电力消费效率改善速度与其初始水平的负相关关系，即区域内各省份全要素电力消费效率趋同的实现是以全要素电力消费效率低的省份拥有更高的改善速度为前提的。鉴于本书在进行 β 收敛时采用的是面板数据，其兼备的截面性质和时间序列性质容易干扰到模型参数的估计，为此本书借助面板固定效应模型或者面板随机效应模型分别开展这一检验，检验结果如表 5-6 所示。

从该表可知，依据 Hausman 检验结果显示，全国层面和各区域层面的模型在 10% 的水平上均通过了显著性检验，因此都选用的是面板固定效应模型。从全国层面来看，全要素电力消费效率的系数为 -0.0546，在 1% 的水平上高度显著，表明期初全要素电力消费效率与其改善速率成反比，证明了中国各省份全要素电力消费效率存在 β 绝对收敛特征，即其可趋于共同的全要素电力消费效率水平。从四大经济区域检验结果可知，尽管西部区域全要素电力消费效率的系数为负，但其并未通过显著性检验，因此西部区域全要素电力消费效率不具有统计意义上的 β 绝对收敛特征；而东北区域、东部区域和中部区域全要素电力消费效率的系数分别为 -0.2337、-0.0822 和 -0.01066，且都通过了 10% 的显著性检验，因而可认为这三个经济区域内各省份的全要素电力消费效率都存在着 β 绝对收敛趋势，全要素电力消费效率低的省份存在追赶效应，与全要素电力消费效率高的省份将收敛于相同的水平。从收敛速度来看，东北区域的年均收敛速度最大，远远高于其他区域，达到 26.62%，中部区域（10.13%）次之，接着是东部区域（7.90%），全国层面的年均收敛速度（5.61%）最小。发生这一现象的可能原因在由于东北区域和中部区域的省份在地理空间分布非常集中，地域跨度要小于东部区域。

表 5-6　　　　中国全要素电力消费效率的 β 绝对收敛检验

变量	全国	东北	东部	中部	西部
β 值	-0.0546***	-0.2337**	-0.0822*	-0.1066***	-0.0058
α 值	-0.0406***	-0.0549**	-0.0291***	-0.0680***	-0.0265*
是否收敛	是	是	是	是	否
收敛速度	5.61%	26.62%	7.90%	10.13%	–
Hausman 检验	17.22***	5.31**	5.47**	15.87***	3.12*
估计方法	固定效应	固定效应	固定效应	固定效应	固定效应

注：***、**、* 分别表示 1%、5% 和 10% 的显著性水平；Hasuman 检验汇报的是卡方值。

为分析经济新常态阶段中国全要素电力消费效率是否存在 β 绝对收敛，将整个样本时间段划分为 2006—2011 年和 2012—2017 年两个子时间段，分别对各时间段进行 β 绝对收敛检验，具体结果如表 5-7 和表 5-8 所示。

表 5-7　　　　　　　不同时段的 β 绝对收敛（2006—2011 年）

变量	全国	东北	东部	中部	西部
β 值	0.1632***	0.0244	0.3934**	0.0562	0.1947**
α 值	0.0449*	−0.0068	0.0471*	−0.0003	0.1023**
是否收敛	否	否	否	否	否
Hausman 检验	5.81**	2.41	4.73**	0.13	6.09**
估计方法	固定效应	随机效应	固定效应	随机效应	固定效应

从表 5-7 可以看出，在 2006—2011 年，无论从全国层面看还是区域层面看，全要素电力消费效率的系数都为正，表明中国全要素电力消费效率在这一阶段没有表现出 β 绝对收敛。相反，从表 5-8 可以看出，在 2012—2017 年，无论从全国层面看还是区域层面看，全要素电力消费效率的系数都为负，且都通过了显著性检验，表明中国全要素电力消费效率在经济新常态阶段存在明显的 β 绝对收敛特征。这是因为在这一阶段中国经济的发展以高质量为导向，更加注重电力能源的高效利用和环境保护，各省、市、区全要素电力消费效率向共同稳态趋近。

表 5-8　　　　　　　不同时段的 β 绝对收敛（2012—2017 年）

变量	全国	东北	东部	中部	西部
β 值	−0.2674***	−0.5513*	−0.2678**	−0.4684***	−0.2122***
α 值	−0.1491***	−0.1266*	−0.0774***	−0.2659***	−0.1901***
是否收敛	是	是	是	是	是
收敛速度	31.12%	80.14%	31.17%	63.19%	23.85%
Hausman 检验	40.22***	3.56*	6.66***	18.26***	22.28***
估计方法	固定效应	固定效应	固定效应	固定效应	固定效应

五、本章小结

本章聚焦中国全要素电力消费效率的时空分异特征，基于 EBM 模型从全要素角度测度了历年来中国电力能源的消费效率，在此基础上，采用 GML 指数对其进行了动态评价，利用探索性空间数据分析研究了其空间集聚特征，并构建了收敛分析模型检验了其收敛性，得出了如下主要结论：

（1）在研究考察期内，从全要素角度看全国的电力消费效率是下降的，为非DEA 有效，意味着全国的电力消费并未达到生产前沿面最优，存在电力能源浪费的问题。各经济区域全要素电力消费效率的走势与全国的走势相同，且与区域经济发展存在映射关系，经济发展较快的区域大体上具有较高的全要素电力消费效率。分省来看，绝大多数省份的全要素电力消费效率也呈现下降趋势，且各省份的全要素电力消费效率表现出较大的差异。其中，北京、上海始终处于生产前沿面，相比其他省份，全要素电力消费效率的表现更好。

（2）GML 指数在研究考察期内先降低后增加，总体均值大于 1，意味着全要素电力能源生产效率在这一时期是提升的，但这种提升主要发生在经济新常态阶段。分解来看，各年份的技术进步效应都要大于技术效率效应，且都大于 1，表明电力能源全要素生产率在这一时期的改善主要来源于技术进步效应。分区域看，东部地区电力能源全要素生产率的改善程度要好于其他区域，而西部地区改善程度最低。分省来看，仍有一半省份的 GML 指数均值小于 1，意味着这些省份需要采取措施提高其电力能源生产效率。

（3）基于四分位数准则对全要素电力消费效率的考察显示其整体呈现出东高西低分布的局面，北京、天津、上海、黑龙江、广东、福建、海南等省、市的全要素电力消费效率大于 75 百分位。从全局来看，各年份的全局 Moran's I 指数值都大于 0，表明中国各省、市、区全要素电力消费效率在空间上表现出正向自相关性，存在集聚分布特征。从局部来看，高-高类型和低-低类型的省份个数在减少，意味着高-高集聚区域和低-低集聚区域呈逐年缩小的态势，低-高集聚区域和高-低集聚区域呈扩张态势。

（4）表现出向上趋势的基尼系数和变异系数表明在无论从全国层面看还是区

域层面看，中国全要素电力消费效率都没有表现出 σ 收敛现象，呈发散趋势。从系数值的大小来看，各省份的全要素电力消费效率从全国层面来看空间差异最大，西部区域次之，接着是东部区域，最小的是中部区域。基于面板固定效应模型开展的 β 收敛分析显示全要素电力消费效率的系数为负，意味着中国各省份全要素电力消费效率存在 β 绝对收敛特征。分区域看，除西部地区外，东部地区、中部地区、东北地区的全要素电力消费效率都存在着 β 绝对收敛趋势。

本章在政策上所给予的启示有：第一，各经济区域应依据自身的资源禀赋、区位优势、经济基础等制定和实施差异化的节能减排政策，推动电力与其他生产要素的替代和融合，特别是注重技术在创造产值中所扮演的角色，从全要素角度推动电力消费效率的提升。第二，对于因生产技术水平相对落后而导致电力消费效率低的地区，应大力引进和吸收先进的生产技术、工艺与技术标准，坚决淘汰落后的以及不符合要求的产能。同时，东部地区也要发挥其技术上的先天优势，助力于中西部地区来提高其电力消费效率。第三，打破区域间壁垒，促进全国区域间的资金、技术、人才流动，加强地区间的交流与合作，制定向中西部倾斜的相关配套政策，扭转近年全国整体以及各个区域内部存在的电力消费效率差距扩大的趋势，特别是加快中西部地区电力消费效率提升速度。

第六章　新常态下电力能源未来消费趋势的情景预测

为对中国电力能源的未来消费趋势作出预测，本章将首先依据中国电力消费的实际情况构建可适用于中国电力能源需求分析的 LEAP（Long-range Energy Alternatives Planning Model）模型；然后，结合情景模拟分析法设置电力消费发展的三种情景：基准情景、政策规划情景和强化节能情景；接着，对各情景方案下的模型参数进行设置；最后，对各情景方案下的预测结果进行对比和分析，判断电力消费的走势。

一、引言

自"十五"电力规划发布以来，"十一五"和"十二五"期间电力规划都处于缺位状态，直到"十三五"围绕电力工业加快转型发展的电力规划重新再次发布，这是中国经济步入新常态以来电力能源发展面临新的形势所给予的诉求，也是推动能源革命纵深发展的必然要求。电力规划的制定、实施以及调整都是建立在对未来电力消费趋势的判读和预测基础上的。现阶段，全国的电力供需形势总体宽松，但其宽松程度呈现逐渐收窄的趋势。分区域来看，西北和东北区域电力供应过剩，而中部、东部和南方区域电力供需总体平衡。此外，受高温、低温寒潮等因素的影响，部分地区存在局部性、阶段性的电力供应短缺问题。远期来看，与世界发达国家相比，全国的电力消费还远远未达到峰值，还将保持持续增长的态势。与此相应地，全国的电力供应能力也应保证持续增强，配套的电力基础设施也应逐步加强建设。在整个稳定电力供需均衡的过程中，国家的经济社会

发展政策、能源政策等都扮演着举足轻重的作用。以往对电力消费预测的研究多
是从历史趋势或考虑其影响因素的基础上进行的，而对国家相关政策的考量不
足，这可能会造成预测结果偏离实际。因而，在预测未来电力消费时，有必要模
拟相关的政策以考量其对电力能源发展的影响，其分析结果也有助于反馈调整政
策、指导政策的制定。鉴于此，本章除依据经济新常态时期电力消费的增长特点
设置电力消费的基准情景外，还将依据各项相关战略、规划和政策设置其发展的
政策规划情景。此外，政策在实施过程中也会因遇到新的情况需要调整，现阶段
以节能为导向的政策并不突出，为此本章也构建了电力能源发展的强化节能情
景，以分析在深化节能减排战略下电力消费的增长情况。

二、电力消费预测的模型构建

本节旨在构建电力消费预测的模型，首先对情景模拟分析的概念、优点及使
用流程进行阐述；接着，介绍用以能源需求情景分析的 LEAP 模型，涵盖其开发
和使用现状、建模原理、模型结构、使用特点等；最后，从中国统计数据的结构
特点和电力能源的消费现状出发，构建可用以中国电力消费预测的 LEAP 模型。

1. 情景模拟分析法

情景模拟分析法，又称前景描述法、脚本法，是一种用以解释"What If"
问题的模拟研究方法。具体而言，该方法将定性和定量分析相结合，依据与研究
事物相关的以往发生的某些现象或相关参数的历史演变趋势，从研究事物当期的
发展状况出发，设置一系列不同的假设情景，推断预测研究事物在这些情景下随
着时间的推移可能出现的变化。其中，定性分析是对研究事物开展质的方面的分
析，以把握其未来总体的大致发展方向；定量分析是对研究事物进行量的方面的
分析，以从数字角度阐释其可能发生的变化，更进一步明确其未来发展方向。情
景模拟分析法的一般步骤是首先应确定所要研究的事物，接着对该事物所处的内
外环境进行充分的分析，然后筛选出关键的参数并予以设定，最后对该事物未来
的发展进行预测，其具体应用流程展示在图 6-1 中。

在情景模拟分析中，所设想和构造的各种情景就是用以预测未来的脚本。应

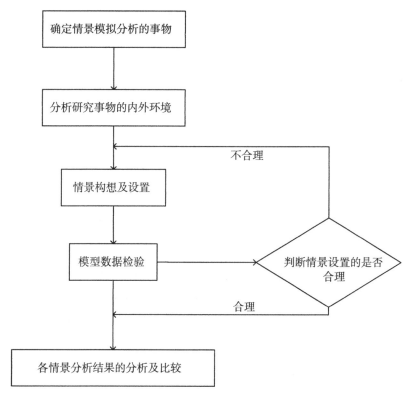

图 6-1　情景模拟分析法的应用流程

用该方法的一个基本共识是研究者事先承认了所研究的事物在未来充满了各种不确定性，内部环境和外界条件的改变都能够改变研究事物的发展趋势，但是通过对关键参数进行控制可以起到左右研究事物发展趋势的作用。在该共识下，研究者就可以在对研究事物内部环境进行充分认知和对外界条件进行细致分析的基础上，对涉及的关键参数进行充满想象和具备足够说服力的设定，进而对研究事物未来的发展状况进行判断。

在该方法的实际应用中，研究者要对影响研究事物发展变化的因素及其相互间的关系有一个足够清晰的认识和理解，同时也要对研究事物可能出现的前所未有的变化能够有充分的考虑和接受。与其他预测分析方法相比，情景模拟分析法产生的预测结果可以是对研究事物变化的过高估计也可以是过低估计，且各种情景下的预测结果能够相互对比，故此能够分析出某些关键参数带来的影响。现阶段，情景模拟分析法已被广泛应用到经济、社会以及环境等领域中，如用以模拟地区经济的发展、模拟交通规划、模拟环境气候的变化，在本书中，情景模拟分析法将被应用到电力消费趋势预测中。

2. LEAP（Long-range Energy Alternatives Planning Model）模型

LEAP（Long-range Energy Alternatives Planning Model）模型是建立在情景模拟分析基础上的集经济、能源与环境于一体的综合能源系统分析模型，可应用于能源政策分析和环境气候变化评估，其是由斯德哥尔摩国际环境研究所（Stockholm Environment Institute，SEI）和美国波士顿大学（Boston University，BU）联合开发的，受益于其强大的功能及用户友好的操作界面，现已被全世界超190个国家的上千个组织机构使用，涵盖政府单位、学术机构、非政府组织、咨询公司及能源事业、企业等。值得注意的是，到目前为止，注册使用该模型的中国学者的数量已经达到3000多个，且这一数字仍在保持增加。该模型采用的是自下而上的分析结构，输入模型的数据流向和现实世界的能源流向相同，即由一次能源生产开始，经过若干次的转换、传输，最终被消费并伴随有环境影响产生，且其对输入模型的数据要求不高。

LEAP模型对能源系统的模拟分析是以中长期为主，采用年为步长计算单位，对测算的时间跨度并不设限。为保证预测的精确性，研究者采用该模型进行预测时通常所选择的时间跨度在20~50年。其中，对一些特殊指标的模拟分析，其测算时间也可以进一步精细化，上升到季节、天甚至小时上，这取决于所确立的研究目标。在利用该模型对所要研究的事物进行建模中，研究者需要要根据研究要求对两个运算层进行详细设置，即基本层和分析层。在基本层，研究者需要将与能源流相关的基础数据囊括到该模型中，这些数据具有"无争议"的特点，大多是依据资料收集得到的，是翔实的；在分析层，研究者需要对模型中参数的变化做出假设，以及要将所要分析研究的政策用数字具体量化，并输入到模型的分析框架中。基本层对应着基础情景，而分析层对应着多种发展情景，每个发展情景都是相互间独立的能源环境系统，其将能源消费情况及引发的环境效应都涵盖在内。

从本质上看，LEAP模型是一种用以模拟核算的工具，其通过对考察区域或部门内部各生产环节的能源需求水平、需求类型、消费方式及该环节整体活动水平的分析，依据经济发展、技术变化、政策变动等设置一系列不同的情景，实现对该考察区域或部门未来能源需求及带来的环境影响的模拟核算。其中，该模型能够实现对环境影响的分析是依托于其本身建立的技术与环境数据库（Technology and Environment Databse，TED）数据库，该数据库涵盖了政府间气候变化委员会（Intergovernmental Panel on Climate Change，IPCC）提供的各种燃料的温室气体排放因子。值得说明的是，该数据库采用的是开放式结构，排放因子也可以是研究者根据自己研究的实际情况进行设定的。

通常情况下，LEAP 模型包含四个分析模块，分别为关键假设模块、需求模块、转换模块以及资源模块。其中，关键假设模块对能源系统涉及到的宏观变量进行设置，如 GDP、人口数量、城镇化率等。需求模块是 LEAP 模型的核心部分，其以预测未来的能源需求为目标。该模块对未来能源需求的预测依据的原则是总的能源需求量等于各部门的活动水平与单位活动水平的能耗强度水平的乘积之和。其中，对能源系统部门的划分除应考虑研究目的外也依赖于所具有的数据。转换模块是对能源的加工、转换、存储以及传输整个一系列过程进行模拟，其以需求模块预测的数据为基础，实现对一次能源转换成二次能源的过程建模，其中转换效率的改善有助于整个能源系统能源效率的提高。此外，该模块也能够对本地资源量能否满足自身的能源需求做出判断，进而测算出所必需的能源进口量，以保证能源的供需均衡。资源模块是对能源系统所需求的一系列能源的统计，包含一次能源和二次能源。

3. 电力消费预测的模型构建

根据中国经济社会的发展现状以及电力能源的消费情况，构建中国电力消费预测的 LEAP 模型。由于该模型以电力能源这一二次能源为研究对象，资源模块并不是必需的，故将其排除在外，因此该模型只包含关键假设模块、需求模块和转换模块三个模块。

模型构建的关键在于建立合理的数据结构，本书依据中国经济与社会发展数据的统计常规，在该模块设立三个层级的数据结构。第一层级，将电力消费划分为与产业部门发展相关的和与居民生活消费相关的；第二层级，将产业部门按产业性质划分为第一产业、第二产业和第三产业；第三层级，将第二产业进一步划分为工业和建筑业，将第三产业进一步划分为交通运输、仓储和邮政业、批发、零售业和住宿餐饮业以及其他行业。模型的结构示意图如图6-2所示。

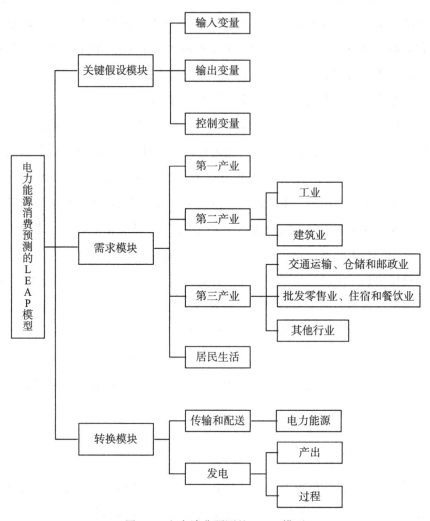

图 6-2　电力消费预测的 LEAP 模型

在关键假设模块，需要分别设置输入变量、输出变量和控制变量。输入变量是与电力能源发展相关的影响因素，包含 GDP、人口数量、产业结构等；输出变量是与输入变量相关的，用以分析结果展示的变量，包含总的及各产业的 GDP、总的、各产业以及与居民生活消费有关的电力消费量、人口数量、人均电力消费量；控制变量是用以控制某些变量的变动情况，包含各产业的电力强度指数以及居民生活消费的电力强度指数。控制变量涉及的各项强度指数用以描述电力强度随着时间的推移发生的变化。输入变量和控制变量都是情景设置的关键。

在需求模块，需要为第三层级中的每个终端行业设置行业活动水平和单位行业活动水平的用电强度。各终端行业活动水平的衡量可以从实物产品角度出发，也可以从经济价值角度出发。考虑到各终端行业的产出产品并非唯一，且统计单位并不一致，因此本书从经济价值的角度出发，选择各终端行业的年行业增加值为其活动水平的统计指标。在该指标下，对应的单位行业活动水平的用电强度即为通常经济意义上的电力强度，指每消耗单位 kWh 电力所产生的行业增加值。上一层级的电力消费量是下一层级各部门的电力消费量之和，而各终端行业部门的电力消费量可用公式表示为：

$$Ele_{i,\,t} = Ac_{i,\,t} \times Ei_{i,\,t} \tag{6-1}$$

式中，$Ele_{i,\,t}$ 指第 i 个终端行业部门第 t 年的电力消费量，$Ac_{i,\,t}$ 指第 i 个终端行业部门第 t 年的经济活动水平，即年行业增加值，$Ei_{i,\,t}$ 指第 i 个终端行业部门第 t 年的电力强度。其中，各终端行业部门未来年份经济活动水平的测量有三种方法，分别为内推法、弹性系数法和增长率法。内推法是一种不精确的推算方法，其是根据已知的系列数值推算出位于已知数值内的数值，而未来某一年的数据多是依赖于国家发布的规划文件或是比较认可的以往研究得出的预测数值。弹性系数法是通过某一变量变化对另一变量变化的敏感程度来预测的。增长率法是在对过去增长率统计分析的基础上，在对未来增长率预判的基础上进行的预测。利用增长率法对各终端行业部门未来年份经济活动水平预测的计算公式为：

$$Ac_{i,\,t} = Ac_{i,\,t-n} \times (1 + Rat_i)^n \tag{6-2}$$

式中，$Ac_{i,\,t-n}$ 指的是第 i 个终端行业部门第 $t-n$ 年的经济活动水平，Rat_i 指第 i 个终端行业部门经济互动水平的年增长率。

在转换模块，由于本书只聚焦于电力能源，因此该模块不包含热力生产与供应、石油开采、石油加工、焦化、天然气开采、煤炭开采等，只将电力的传输与配送和发电模块包含在内。各子模块的排列顺序应遵循能源的流动从初级到最终使用的顺序，考虑到电力的生产应在电力的传输与配送之前，因此将发电模块放置在电力传输与配送模块的下面。此外，由于火力发电在生产过程中会消耗化石能源，不可避免地就会排放 CO_2，这些在电力生产过程中排放的 CO_2 也被称为电力消费的隐含碳排放。由于 LEAP 模型本身内嵌了技术与环境数据库，因而也可以对电力生产过程中排放的 CO_2 进行核算。

三、电力消费预测的情景设置

在本小节，采用情景模拟分析法，设置了未来中国电力消费发展的三种情景，并参照经济社会发展政策以及前人的研究成果对各发展情景的参数进行了设定。

1. 情景设计

情景模拟分析是通过对研究事物所处内外环境进行严谨、细致地分析后，对其未来可能的发展情景作出的假设。考虑到中国社会经济的发展及其电力消费存在的不确定性，本书对中国未来电力消费的发展形势作出了三种构想：基准情景、政策规划情景以及强化节能情景。这三个情景的时间跨度均为 2017—2050年，其中，2017 年为模拟的基准年，2018 年和 2030 年分别为模拟的起始和终止年份。基于这三种发展情景，对未来中国电力能源的消费状况作出预测，涵盖电力消费量、电力消费结构、电力消费效率、电力能源供应以及电力能源生产隐含的碳排放等方面的内容。通过对比各发展情景的预测结果，以期为制定促进电力消费的高效化、绿色化政策提供借鉴和参考。各发展情景设定的具体含义如下：

基准情景是依据电力消费的历史发展趋势作出的趋势外延，其假定电力消费的当期形势将会持续进行下去，而未来任何干预性的政策都将不予采用。考虑到经济新常态时期的电力消费特征与旧常态时期的电力消费特征存在较大的差异，因此该情景下的模型参数设定主要借鉴的是新常态时期的电力消费特征以及该时期的经济发展规律。

政策规划情景是考虑国家社会经济的发展目标，依照政府发布和实施的各项政策和规划对未来电力消费的发展趋势作出的展望。这些政策涵盖宏观经济政策、产业政策、能源政策、人口政策等方面。考虑到本书预测期限的较长，长期性的量化政策缺乏，在对该情景下的模型参数进行设定时也参考了国内外权威研究机构或学者的研究成果。

强化节能情景是综合考虑节能减排技术、电能替代等多方面的因素,在保证国家社会经济发展目标实现的基础上,通过对现有的相关政策进行优化和调整,对电力消费的发展形势作出判断。在该情景下,电力供应结构更为清洁化,电力消费结构更为合理,电力消费效率更为有效。

2. 情景参数设定

在该小节,依据三个情景的设置目标及其原则,分别对 LEAP 模型的关键假设模块、需求模块和转换模块进行参数设定。

(1) 关键假设模块参数设定

在该小节,对关键假设模块所包含的输入变量、导出变量和控制变量三部分分别按情景进行设置。其中,输入变量是模型计算的基础,在此需对 GDP 增速、人口数量以及产业结构进行设置;导出变量是输入变量经过相关运算后得出的,包含总的 GDP、各产业的增加值及人口数量;控制变量是情景假设的关键,需对各产业和居民生活消费的电力强度指数进行设置。

①GDP 增速

经济社会的进步和发展是由生产要素驱动的,而能源是极其重要的一种生产要素。经济发展水平的提高必然带动电力消费的增长,其提高速度也影响着电力消费的增长速度。从历史趋势演变来看,以 GDP 作为经济发展水平的表征变量表现出趋势延续性和阶段性的特征。具体来看,GDP 一直呈现出向上的增长态势,但在进入经济新常态阶段后,其增长速度改变了过往的高速模式,明显放缓。考虑到基准情景不考虑现阶段已公布实施的任何政策措施,是由经济新常态阶段的数据推导预测阶段的数据,则将该情景下的 GDP 增速设为 2014—2017 年 GDP 的平均增速,即为 6.95%,且这一增速将会持续到预测期结束。中国国民经济和社会发展十三五(2016—2020 年)规划纲要指出在"十三五"期间,经济保持中高速增长,全面建成小康社会,GDP 年均增长速度要高于 6.5%,到 2020 年 GDP 比 2010 年翻一番。2010 年中国的 GDP 为 273 087.77 亿元,按照该规划纲要指出的发展速度,2020 年中国的 GDP 预计会达到 546 175.55 亿元。"十四五"期间将是中国经济由中等收入阶段迈向高收入阶段的关键时期,随着经济转型的深度推进和生态文明建设的进一步加强，GDP 的增速将进一步放缓，预计其变化区间为 5.5%~6.5%。很多的研究机构和著名学者都指出，到 2030 年中国将很有可能超越美国，成为全球最大的经济体。如国际金融中心（International Finance Center，IFS）指出中国的 GDP 在 2030 年将居世界首位，总量达到 26 万亿美元。北京大学国家发展研究院的名誉院长、教授林毅夫在 2018 年的博鳌论坛中指出即使在考虑汇率因素后，中国在 2030 年将也有很大可能成为世界第一经济体，对全球 GDP 的增量贡献率达 30% 以上。依据政府制定的长期发展规划纲要和以往研究对经济增速的预判，本书对政策规划情景和强化节能情景下的 GDP 增速进行设定，其中，强化节能情景下的 GDP 增速要低于政策规划情景下的 GDP 增速，这主要源于强化节能情景更加注重经济增长的高质量化，更为贯彻落实节能降耗工作。各发展情景下的 GDP 增速设置如表 6-1 所示。

表 6-1　　　　　　　　　　　各发展情景下的 GDP 增速

发展情景	2020 年	2025 年	2030 年
基准情景	6.95%	6.95%	6.95%
政策规划情景	6.60%	6.00%	5.60%
强化节能情景	6.50%	5.80%	5.50%

注：表中数据代表 GDP 在各区间段的增速均值。

②人口数量

能源是人类赖以生存和发展的物质基础。正因为如此，人口数量与电力消费量呈现出正相关的关系，人口规模越大，对衣食住行等各方面生活资料的需求都会加大，由此带动各相关产业的发展，从而引起电力消费的增长。此外，人口的老龄化发展也会加大对医疗和护理服务的需求，这些都需要更多的经济活动来支持和满足，进而带动电力消费量的上涨。中国人口数量的增长与国家实施的人口政策息息相关。自新中国成立以来，中国的人口政策经历了起初的鼓励生育到 1971 年开始的控制生育，再到 2016 年开始的放开生育阶段。受此影响，中国的人口数量在建国初期急剧增长，到 1971 年开始推行计划生育政策后，人口数量的快速增长态势才得到了一定的扼制，特别是 1982 年将计划生育政策定为基本国策,并纳入宪法后,人口数量的增长速度进一步放缓,但是随着人口老龄化的加剧、性别比例的失调等问题的严重,2016 年实施放开二孩政策后,人口生育率有所回升,但受社会生活压力升高的影响,全国人口的增幅不大。在基准情景下,假设全国人口数量将以 2014—2017 年的年均增长率进行增长,即 0.54%,在 2020 年和 2030 年将分别达到 14.1 亿人和 14.9 亿人。在政策规划情景下,未来人口数量按照国务院发布的《国家人口发展规划(2016—2030 年)》进行设置,其指出中国人口的发展已进入关键转型期,到 2020 年全面两孩政策效应充分发挥,人口结构逐步优化,全国人口数量达到 14.2 亿人左右;到 2030 年,人口自身均衡发展的态势基本形成,全国人口数量达到 14.5 亿人左右,基本达到峰值。强化节能情景更加注重人口增长与经济社会、资源环境的统一和协调发展,对人口质量的提升更为关注,增长速度相对缓慢。各发展情景下的人口设置如表6-2所示。

表 6-2 　　　　　　　　　　**各发展情景下的人口数量**　　　　　　(单位:亿人)

发展情景	2020 年	2030 年
基准情景	14.1	14.9
政策规划情景	14.2	14.5
强化节能情景	14.0	14.4

③产业结构

产业结构描述的是不同产业部门的增加值占国民生产总值的比例。长期以来,中国国民经济的发展是以第二产业为主导,第三产业为辅,第一产业为基础,即遵循的是"二三一"的产业发展格局。随着经济发展方式的持续转变、经济结构的不断优化和升级,第三产业在国民经济中的地位和作用愈发凸显。以现价计算,在 2012 年,第三产业增加值的贡献比例首次超越第二产业,这标志着进入服务业主导经济发展的新阶段。但以 2000 年为基期,进行可比价计算后发现第二产业增加值仍然高于第三产业增加值,产业发展格局并没有完全实现由"二三一"向"三二一"的转变。不同产业部门的电力消费量和电力强度存有较大的差异。以工业为主导的第二产业一直以来都是电力消费量最大的产业部门,且其电力强度也是最大的,而以服务业为主导的第三产业相比第二产业,其消耗的电力消费量较少，且其电力强度也相对较小，因此第三产业经济贡献比例的增加既有利于控制总体的电力消费量，又能保证经济的快速稳定发展。在基准情景下，产业结构将按照 2014—2017 年间产业结构变迁的速度进行调整。在政策规划情景下，参照"十三五"规划纲要预期的到 2020 年服务业增加值比重将达到 56% 进行设置。但这一预期数值是以现价进行统计的，其相比 2015 年的 50.5% 增长了 5.5%，即每年的增长速度为 1.1%。强化节能情景下产业结构调整向合理化和高级化演进的速度相对更快。此外，各产业结构内部也将发生深刻的变化，第一产业结构内部由以种植业为主向农林牧渔业全面发展，第二产业结构内部重化工业高增长态势回落，第三产业结构内部生产性服务业和新兴服务业发展迅猛。各发展情景下的产业结构设置如表 6-3 所示。

表 6-3　　　　　　　　　　　　各发展情景下的产业结构

产　　业	年份	基准情景	政策规划情景	强化节能情景
第一产业	2020	6.04%	5.84%	5.64%
	2030	4.54%	4.34%	4.14%
第二产业	2020	49.19%	47.05%	44.91%
	2030	46.81%	44.67%	42.53%
工业（一）	2020	42.31%	41.16%	40.02%
	2030	39.99%	38.85%	37.71%
建筑业（二）	2020	6.89%	5.89%	4.89%
	2030	6.82%	5.82%	4.82%
第三产业	2020	44.77%	47.11%	49.45%
	2030	48.65%	50.99%	53.33%
交通运输、仓储和邮政业（一）	2020	5.03%	5.81%	6.59%
	2030	4.85%	5.63%	6.41%
批发、零售业和住宿、餐饮业（二）	2020	12.90%	13.68%	14.46%
	2030	13.52%	14.30%	15.08%
其他行业（三）	2020	26.84%	27.62%	28.40%
	2030	30.28%	31.06%	31.84%

注：表中数据以 2000 年为基期。

④城镇化率

城镇化率反映了城镇人口占总人口的比例。随着经济的发展，中国的城镇化率自 1949 年以来保持持续增长的态势，从 1949 年的 10.64% 增长到了 2017 年的 58.52%，年均提高 0.70 个百分点。城镇化率的提高极大地释放了国家的发展动能，扩大了内需，带动了包容和普惠的经济增长，进而也促进了对电力能源的消费需求。长期以来，全国城镇化率面临着东高西低的局面。东部沿海地区由于国家推行的优先发展战略，其经济发展迅速，城镇化进程较快；西部地区由于经济欠发达，对人才的重视和吸引力不够，城镇化率提升的速度较慢。但是随着"西部大开发"战略的深入推进，西部地区城镇化发展的后发优势开始显现，东西部地区城镇化发展的不平衡性将得到有效缩减。整体来看，国家的城镇化率与世界发达国家仍具有较大的差异，发展潜力巨大。随着新型城镇化建设的快速推进和户籍制度的改革，将会有更多促进城镇化发展的政策和措施得以实施，如现阶段各大城市对落户政策的放开吸引更多人才流向城市，加速城镇化的高速度和高质量发展。国民经济和社会发展的"十三五"规划纲要指出要稳妥推进新型城镇化，实现"三个 1 亿人"城镇化，即推进 1 亿左右农业转移人口和其他常住人口在城镇落后，加速推进 1 亿人居住的棚户区和城中村改造，引导 1 亿人在中西部地区就近城镇化，到 2020 年常住人口城镇化率达到 60%。《国家人口发展规划（2016—2030）》对未来人口分布也作了展望，人口分布将与区域发展、主体功能布局、城市群发展、产业集聚的协调度更高，并预期到 2030 年常住人口城镇化率将达到 70%。各发展情景下的城镇化率设置如表 6-4 所示。

表 6-4 　　　　　　　　　　**各发展情景下的城镇化率**

发展情景	2020 年	2030 年
基准情景	61%	68%
政策规划情景	60%	70%
强化节能情景	62%	72%

⑤电力强度指数

电力强度指数指的是各产业及居民生活消费电力强度的变化系数，即描述电力强度（居民生活消费对应的是人均电力消费量）随着时间的推移如何变化，通常与1进行比较。该指数大于1，表示未来电力强度变大；该指数等于1，表示未来电力强度不变；该指数小于1，表示未来电力强度变小。电力强度是从经济价值角度反映电力消费效率的一个综合性指标，即受经济结构和能源经济效率的影响，也受电力价格机制、经济体制以及人口等因素的影响，是衡量经济增长质量的代表性指标。在进入经济新常态阶段后，总体电力强度处于明显的下降趋势中；分产业来看，第一产业和第三产业的电力强度处于上升趋势中，第二产业的电力强度处于明显的下降趋势中。第一产业电力强度的上升与电力能源在农业生产中的广泛推广应用有关，农业向电气化、自动化方向加速发展；第二产业电力强度的下降与工业技术改造、工业产业结构优化升级等有关，其向智能化、信息化方向加速推进；第三产业电力强度的增加与制度环境的向好、服务型经济的发展等有关，其向市场化、多元化方向快速推进。第二产业的电力强度要远大于第三产业的电力强度，第三产业贡献比例的增加能够有效降低整体的电力强度。人均电力消费量一直保持增加的态势，这与中国的居民消费规模扩大和升级趋势相吻合，居民生活水平的提高加大了对家用电器设备的需求和使用。此外，各产业所包含行业部门的电力强度变化也存在差异。第二产业内，工业的电力强度在递减，而建筑业的电力强度波动较为明显，没有呈现出明显的方向性；第三产业内，交通运输、仓储和邮政业、批发、零售业和住宿、餐饮业以及其他行业的电力强度都在递增。基准情景下各产业及居民生活消费电力强度指数的设置参照新常态下各自电力强度发生的变化。以往国家发布的各项政策和规划中所设置的约束性指标和预期性指标都是针对总体能源消费的，如2017年发布的《能源生产和消费革命战略（2016—2030）》提出到2020年能源消费总量控制在50亿吨标准煤内，单位国内生产总值能耗比2015年下降15%，但是并没有给出具体针对电力强度的指标。在对政策规划情景和强化节能情景下的电力强度指数进行设置时，以基准情景为基础，综合考虑能源市场体制的健全完善、节能减排行动的开展、经济结构的优化调整等多方面的因素。各发展情景下的电力强度指数设置如表6-5所示。

表 6-5   各发展情景下的电力强度指数

产业	基准情景	政策规划情景	强化节能情景
第一产业	0.9955	0.9950	0.9945
第二产业	0.9724	0.9680	0.9650
工业（一）	0.9729	0.9701	0.9655
建筑业（二）	0.9745	0.9685	0.9671
第三产业	1.0091	1.0056	1.0040
交通运输、仓储和邮政业（一）	1.0242	1.0207	1.0207
批发、零售业和住宿、餐饮业（二）	1.0034	1.0010	1.0005
其他行业（三）	1.0066	1.0031	1.0015
居民生活消费	1.0621	1.0600	1.0579

注：表中数据以 2000 年为基期。

（2）转换模块参数设定

在该小节，需分别对转换模块下的电力的传输与配送子模块和发电子模块涉及的参数进行设置。

①电力的传输与配送子模块

电力的传输与配送模块模拟的是电力在生产后，经由输电、变电、配电到达终端用户端的一系列过程。在该模块，需要对输配电线损率进行设置，其是评价国家电力系统网络输配电效率的一项综合性指标，也是国家对电力企业进行考核的一个重要经济指标，在电力供应过程中所耗用和损失的电量占总供电量的比例即是该指标的度量值。输配电线损率的大小与输配电距离、电网技术水平、电网工程质量、电网运营管理水平等有着紧密的关联。与世界发达国家相比，如美国、日本、德国、韩国等，现阶段中国的输配电线损率仍处于中下水平，具备较大的提升空间。中国面临的输配电形势相对更为复杂，存在着能源资源与电力负荷分布不均、国土面积大和地形复杂、电力传输难度大和距离长等多方面的问题。长期以来，国家的电力发展以行政管理区域为界，就地平衡为主导，各省级电网之间和区域电网之间的联系薄弱，资源整体配置能力较弱。"十二五"期间，线路损失率由 2010 年的 6.53% 增长到了 2015 年的 6.64%，增长了 0.11%。进入"十三五"后，随着电力统一规划的加强、清洁能源的大规模开发利用等，西部和北部资源富集省份向东部和中部负荷中心省份远距离输电的规模越来越大，消费终端对电能质量的要求也越来越高，各级电网开展了一系列旨在节能降损的工作，特别是输配电网网络的升级改造。2017 年国家发展改革委和能源局联合对外发布的《电力发展"十三五"规划（2016—2020）》指出在该阶段电网架进一步优化，省间联络线进一步加强，形成规模合理的同步电网，并预期到 2020 年线损率降到 6.50% 以下。未来随着输配电技术水平和电网企业管理水平的提高，输配电线损率将与发达国家慢慢持平，甚至变得更小。各发展情景下的输配电线损率设置如表 6-6 所示。

表 6-6 各发展情景下的输配电线损率

发展情景	2020 年	2030 年
基准情景	6.55%	6.40%
政策规划情景	6.50%	6.35%
强化节能情景	6.45%	6.30%

②发电子模块

发电模块是对电力生产的模拟，可以包含各种类型的发电形式。本书从中国电力生产的实际情况出发，将燃煤发电、燃油发电、燃气发电、水力发电、核力发电、风能发电、太阳能发电、生物质能发电等八种发电形式皆考虑在内。在该子模块中，需要设置系统备用率（Planning Reserve Margin）和系统峰值负荷曲线（System Peak Load Shape），且应为各种形式的发电指定调度规则（Dispatch Rule）、进程效率（Process Efficiency）、外生装机容量（Exogenous Capacity）、内生装机容量（Endogenous Capacity）、最大可利用率（Maximum Availability）、容量可信度（Capacity Credit）、利率（Interest Rate）、生命周期（Lifetime）以及优先顺序（Merit Order）等。系统备用率是针对系统备用容量而言的，反映的是系统备用容量占系统最高负荷的比例。系统备用容量是为确保电力系统在遇到设备检修、发生事故、调频等情况时仍能够稳定可靠运行而增设的发电容量。北美电力可靠性委员会（North American Electric Reliability Council，NERC）的默认规划系统备用率为 15%，系统备用率过高，则电力部门面临着产能过剩的局面，资产大量搁浅；系统备用率过低，则有缺电的风险，电力系统的正常运行得不到有效保证。现阶段全国的平均系统备用率偏高，以 2017 年为例，平均系统备用率达到了 28%，这些备用容量多主要集中在燃煤发电厂。此外，各区域电网间的系统备用率差异明显，东北和西北地区的系统备用率要远大于其他地区，而东部和中部地区的系统备用率较小。随着辅助服务市场机制的建设和完善以及电力系统的发展，各区域电网的系统备用率有望降低到一个较为合理的水平。各发展情景下的系统备用率设置如表 6-7 所示。

表 6-7   **各发展情景下的系统备用率**

发展情景	2020 年	2030 年
基准情景	24%	18%
政策规划情景	22%	16%
强化节能情景	20%	14%

系统高峰负荷曲线是以百分比的形式描述峰值功率需求从最高负荷到最低负荷的变化。本书借鉴了劳伦斯伯克利国家实验室专门针对中国省市一级的能源政策和排放评估而设计的 GREAT（Green Resources and Energy Analysis Tool）给出的系统高峰负荷曲线，如图 6-3 所示。

在调度规则设置中，本书假定各发电类型按照优先次序法（Merit Order Dispatch）进行调度，其中，各发电类型的优先次序是按照其发电的边际成本确定的，值越小，表示该发电类型被调度的顺序越靠前。进程效率是对各发电类型发电效率的反映，值越大，表示其发电效率越高。生命周期是对各发电类型使用寿命的反映，涵盖发电厂从投入使用到退役所经历的整个时间段。内生装机容量是系统要维持最低的备用率所应额外增加的发电装机容量，该指标是由模型本身计算的，不需要外生指定。容量可信度只有在计算额外的内生装机容量时才会用到，其表示在保证系统可靠性前提下，某一发电机组替代常规机组的容量占其装机容量的比例。最大可利用率反映在每个调度期间，各发电类型的最大可利用小时所占的比例。

外生装机容量是指需要外生指定的装机容量，反映系统当前及未来计划增加

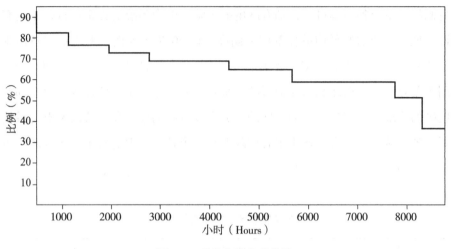

图 6-3 系统高峰负荷曲线

或退役的装机容量。长期以来，全国的装机结构以化石能源发电装机为主，其他发电类型作为有效补充。以 2017 年为例，全国的发电装机容量为 177 708 万 kW，而化石能源发电的装机容量为 110 495 万 kW，占总装机的 62.18%。随着能源转型的推进，新能源的装机规模逐步扩大，以新能源为支点的能源体系正加速形成，中国的太阳能发电装机和风电装机已居于世界首位。电力发展"十三五"规划预期到 2020 年全国发电装机容量将突破 20 亿 kW，其中，非化石能源发电装机达到 7.7 亿 kW，气电装机增加 5 000 万 kW，煤电装机控制在 11 亿 kW 以内。此外，中电联预计到 2030 年全国清洁能源发电装机达到 15.2 亿 kW，占全国总装机容量的 50%。各发电类型的相关参数设置如表 6-8 所示。

表 6-8 各发电类型的参数

参数	燃煤发电	燃气发电	燃油发电	水电	核电	风电	太阳能发电	其他形式发电
进程效率	42%	46%	51%	100%	33%	100%	100%	35%
生命周期	30	30	30	40	30	20	25	25
优先顺序	8	9	10	3	3	2	2	1
容量可信度	100%	100%	100%	100%	100%	36%	36%	100%
最大可利用率	48.27%	30.58%	15.65%	39.64%	79.07%	21.22%	10.28%	16.31%

参数	燃煤发电	燃气发电	燃油发电	水电	核电	风电	太阳能发电	其他形式发电
外生容量（10^4kW）								
2020 年	110000	11000	160	37000	5800	21000	26000	7000
2030 年	130000	20000	140	45000	20000	35000	30000	22000

四、电力消费的预测结果分析

（1）全国电力消费量的变化

在设置的电力消费的三种情景方案基础上，以 2017 年为基年，基于构建的 LEAP 模型，采用自下而上的方式，对各情景方案下中国未来的电力消费量进行预测，全国总体的电力消费量预测结果详见图 6-4。从图中可以看出，全国的电力消费量在预测期内均持续上涨，但在不同情景方案下其预测结果存有差异。

具体而言，在基准情景下，电力消费量保持了经济新常态时期的增长态势，2020 年全国的电力消费量约为 75 659 亿 kWh，相对于基准年的 64 821 亿 kWh 增加了 16.72%，2030 年全国的电力消费量增至 120 641 亿 kWh，相对于基准年增加了 86.11%。在政策规划情景下，国家对电力消费的增长做了合理规划，总的电力消费量增速明显放缓，2020 年全国的电力消费量约为 73 684 亿 kWh，相对于基准年增加了 13.67%，2030 年全国的电力消费量约为 104 469 亿 kWh，相对于基准年增加了 61.17%。在强化节能情景下，深化实施了各项节能减排的政策措施，强化了节能减排技术，总的电力消费量增长较慢，2020 年全国的电力消费量约为 71 928 亿 kWh，相对于基准年增加了 10.96%，2030 年全国的电力消费量约为 98 341 亿 kWh，相对于基准年增加了 51.71%。分各年来看，基准情景下的全国电力消费量均维持最大，其次是政策规划情景下的全国电力消费量，而强化节能情景下的全国电力消费量最小。

（2）各产业电力消费量的变化

图 6-5 按产业分别展示了各发展情景下的电力消费量。从图中可以看出，三大产业与居民生活消费引发的电力消费量与全国的电力消费量走势相同，在各发

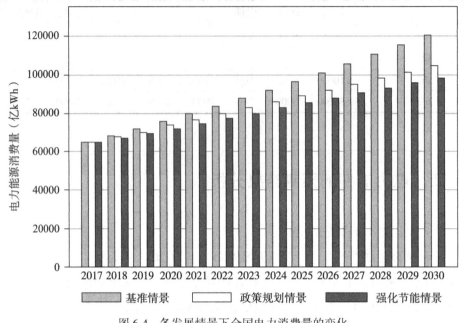

图6-4　各发展情景下全国电力消费量的变化

展情景下均稳步增长，但是它们的增长轨迹表现出不同。具体来说，对于第一产业，在基准情景下，其电力消费量在2020年约为1 304亿kWh，相对于基年增加了10.94%，到2030年增长至1 834亿kWh，相对于基准年增加了56.03%；在政策规划情景下，第一产业电力消费量在2020年约为1 246亿kWh，相对于基准年增加了6.06%，到2030年增长至1 547亿kWh，相对于基准年增加了31.69%；在强化节能情景下，第一产业电力消费量在2020年约为1 199亿kWh，相对于基准年增加了2.00%，到2030年增长至1 442亿kWh，相对于基准年增加了22.70%。

对于第二产业，在基准情景下，其电力消费量在2020年约为51 237亿kWh，相对于基准年增加了12.00%，到2030年增长至71 367亿kWh，相对于基准年增加了56.00%；在政策规划情景下，第二产业电力消费量在2020年约为48 930亿kWh，相对于基准年增加了6.95%，到2030年增长至59 171亿kWh，相对于基准年增加了29.34%；在强化节能情景下，第二产业电力消费量在2020年约为46 862亿kWh，相对于基准年增加了2.43%，到2030年增长至52 990亿kWh，

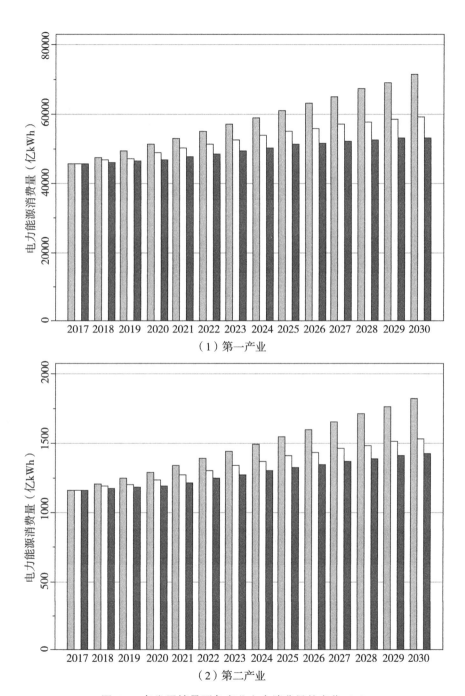

（1）第一产业

（2）第二产业

图 6-5　各发展情景下各产业电力消费量的变化（1）

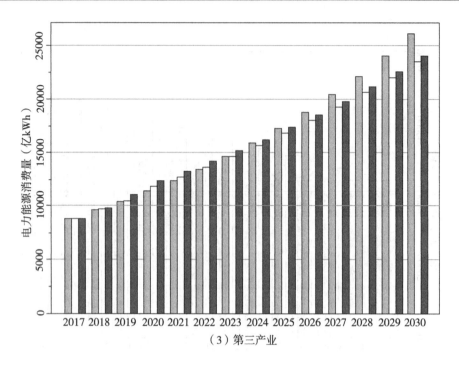

（3）第三产业

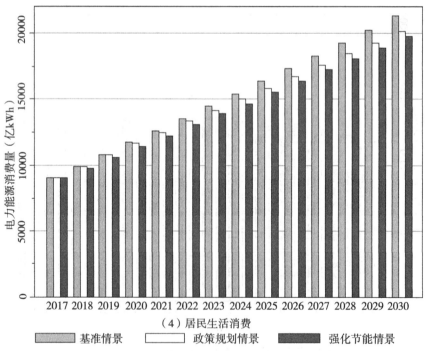

（4）居民生活消费

　　🮖 基准情景　　　□ 政策规划情景　　　🮖 强化节能情景

图 6-5　各发展情景下各产业电力消费量的变化（2）

相对于基准年增加了 15.83%。

对于第三产业，在基准情景下，其电力消费量在 2020 年约为 11 394 亿 kWh，相对于基准年增加了 29.10%，到 2030 年增加至 26 159 亿 kWh，相对于基准年增加了 196.42%；在政策规划情景下，第三产业电力消费量在 2020 年约为 11 817 亿 kWh，相对于基准年增加了 33.90%，到 2030 年增加至 23 568 亿 kWh，相对于基准年增加了 167.05%；在强化节能情景下，第三产业电力消费量在 2020 年约为 12 395 亿 kWh，相对于基准年增加了 40.45%，到 2030 年增加至 24 101 亿 kWh，相对于基准年增加了 173.09%。

对于居民生活消费，在基准情景下，其电力消费量在 2020 年约为 11 725 亿 kWh，相对于基准年增加了 29.25%，到 2030 年增长至 21 280 亿 kWh，相对于基准年增加了 134.58%；在政策规划情景下，居民生活消费引发的电力消费量在 2020 年约为 11 690 亿 kWh，相对于基准年增加了 28.86%，到 2030 年增长至 20 183 亿 kWh，相对于基准年增加了 122.48%；在强化节能情景下，与居民生活消费有关的电力消费量在 2020 年约为 11 472 亿 kWh，相对于基准年增加了 26.46%，到 2030 年增加至 19 808 亿 kWh，相对于基准年增加了 118.36%。

通过比较各发展情景下各产业电力消费量的变化，可以发现，全国电力消费量的增长主要发生在第二产业，而第一产业电力消费量的变化是最小的。从各产业电力消费量占比来看，第二产业电力消费量占比从基准年开始到预测截止年份都是最大的，但是随着时间的推移越来越小；第一产业电力消费量占比基本没有变化，一直保持在 2% 以下；第三产业电力消费量和与居民生活消费有关的电力消费量占比相对较小，但却一直保持增长的态势，特别是第三产业电力消费量的增长速度更快。

（3）各行业电力消费量的变化

为进一步分析产业内部电力消费量的变化情况，图 6-6 展示了第二产业内部各行业电力消费量的变化。对于第二产业来说，其电力消费量的增长主要发生在工业，工业电力消费量占第二产业电力消费量的比例维持在 95% 以上。不管在哪种情景方案下，工业电力消费量在整个预测期内都保持持续增长的态势，而建筑业电力消费量在各情景方案下的变化不一。相比来看，在基准情景下，工业电力消费量增长最快，其次是在政策规划情景下，而强化节能情景下增长最慢。

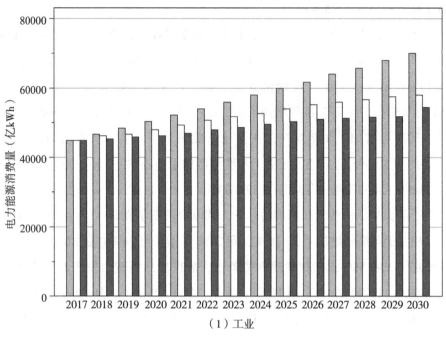

（1）工业

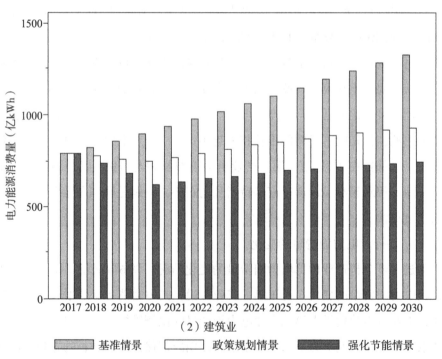

（2）建筑业

基准情景　　　　政策规划情景　　　　强化节能情景

图 6-6　各发展情景下第二产业内部各行业电力消费量的变化

具体而言，在基准情景下，工业电力消费量在 2020 年约为 50 337 亿 kWh，相对于基准年增加了 11.96%，到 2030 年增长至 70 033 亿 kWh，相对于基准年增加了 55.77%；在政策规划情景下，工业电力消费量在 2020 年约为 48 179 亿 kWh，相对于基准年增加了 7.16%，到 2030 年增长至 58 237 亿 kWh，相对于基准年增加了 29.53%；在强化节能情景下，工业电力消费量约为 46 242 亿 kWh，相对于基准年增加了 2.85%，到 2030 年增长至 52 243 亿 kWh，相对于基准年增加了 16.20%。

对于建筑业来说，在基准情景下，其电力消费量在 2020 年约为 900 亿 kWh，相对于基准年增加了 14.02%，到 2030 年增长至 1 334 亿 kWh，相对于基准年增加了 69.08%；在政策规划情景下，建筑业电力消费量在 2020 年约为 751 亿 kWh，相对于基准年减少了 4.80%，而后到 2030 年增长到了 934 亿 kWh，相对于基准年增加了 18.33%；在强化节能情景下，建筑业电力消费量在 2020 年约为 620 亿 kWh，相对于基准年减少了 21.43%，而后到 2030 年改变为 746 亿 kWh，相对于基准年减少了 5.45%。

图 6-7 描述了第三产业内部各行业电力消费量的变化。对于第三产业来说，其电力消费量的增长主要出现在其他行业，其他行业的电力消费量占第三产业电力消费量的比例维持在 50% 以上。无论在何种情景方案下，交通运输、仓储和邮政业、批发、零售业和住宿餐饮业以及其他行业的电力消费量都保持持续增长的态势。

具体来说，对于交通运输、仓储和邮政业，在基准情景下，其电力消费量在 2020 年约为 1 858 亿 kWh，相比基准年增加了 31.06%，到 2030 年增长至 4416 亿 kWh，相比基准年增加了 211.45%；在政策规划情景下，交通运输、仓储和邮政业的电力消费量在 2020 年约为 2 099 亿 kWh，相比基准年增加了 48.01%，到 2030 年增加至 4 358 亿 kWh，相比基准年增加了 207.32%；在强化节能情景下，交通运输、仓储和邮政业的电力消费量在 2020 年约为 2 374 亿 kWh，相比基准年增加了 67.41%，到 2030 年增加至 4 878 亿 kWh，相比基准年增加了 244.00%。

对于批发、零售业和住宿、餐饮业，在基准情景下，其电力消费量在 2020 年约为 6 654 亿 kWh，相比基准年增加了 24.07%，到 2030 年增加至 6 063 亿 kWh，相比基准年增加了 139.97%；在政策规划情景下，批发、零售业和住宿、

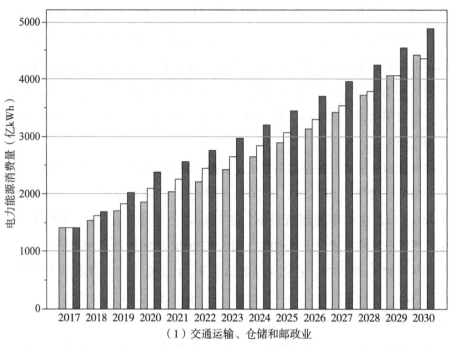

（1）交通运输、仓储和邮政业

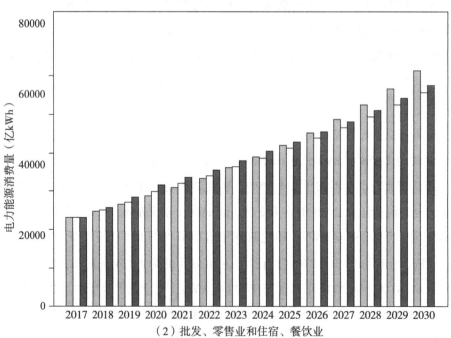

（2）批发、零售业和住宿、餐饮业

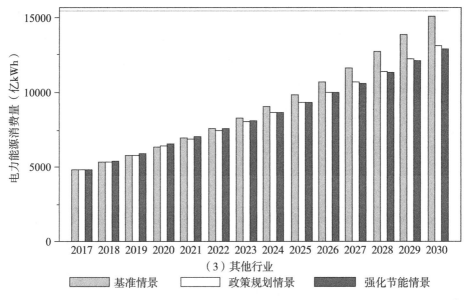

图 6-7 各发展情景下第三产业内部各行业电力消费量的变化

餐饮业的电力消费量在 2020 年约为 3 268 亿 kWh，相比基准年增加了 29.34%，到 2030 年增加至 6 063 亿 kWh，相比基准年增加了 139.97%；在强化节能情景下，批发、零售业和住宿、餐饮业的电力消费量在 2020 年约为 3 439 亿 kWh，相比基准年增加了 36.12%，到 2030 年增加至 6 245 亿 kWh，相比基准年增加了 147.18%。

对于其他行业，在基准情景下，其电力消费量在 2020 年约为 6 400 亿 kWh，相比基准年增加了 31.14%，到 2030 年增加至 15 089 亿 kWh，相比基准年增加了 209.17%；在政策规划情景下，其他行业的电力消费量在 2020 年约为 6 451 亿 kWh，相比基准年增加了 32.17%，到 2030 年增加至 13 147 亿 kWh，相比基准年增加了 169.38%；在强化节能情景下，其他行业的电力消费量在 2020 年约为 6 582 亿 kWh，相比基准年增加了 34.86%，到 2030 年增加至 12 978 亿 kWh，相比基准年增加了 165.91%。

（4）人均电力消费量的变化

图 6-8 展示了各发展情景下人均电力消费量的变化。从图中可以看出，各发展情景下人均电力消费量在预测期内均保持持续增长的态势，并未达到峰值，其

中基准情景下的人均电力消费量增长最快。

　　具体来看，在基准情景下，人均电力消费量在2020年约为5 366kWh，相对于基准年增加了15.07%，到2030年增长至8 097kWh，相对于基准年增加了73.63%；在政策规划情景下，人均电力消费量在2020年约为5 189kWh，相对于基准年增加了11.28%，到2030年增加至7 205kWh，相对于基准年增加了54.51%；在强化节能情景下，人均电力消费量在2020年约为5 138kWh，相对于基准年增加了10.18%，到2030年增加至6 829kWh，相对于基准年增加了46.45%。

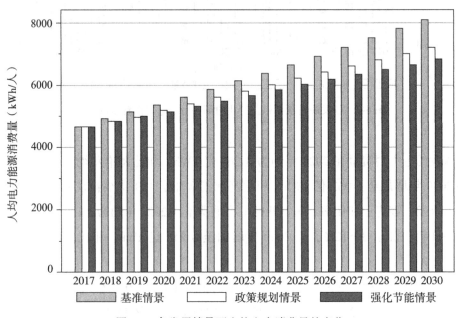

图6-8　各发展情景下人均电力消费量的变化

　　（5）发电量的变化

　　图6-9展示了各发展情景下发电量的变化。从图中可以看出，各发展情景下发电量在预测期内都呈现出上涨的趋势，且基准情景下的发电量增长最快。

　　具体而言，在基准情景下，发电量在2020年约为80 962亿kWh，相对于基准年增加了16.81%，到2030年增加到128 890亿kWh，相对于基准年增加了85.96%；在政策规划情景下，发电量在2020年约为78806亿kWh，相对于基准

年增加了 13.70%，到 2030 年增加至 111 553 亿 kWh，相对于基准年增加了
60.94%；在强化节能情景下，发电量在 2020 年约为 76 928 亿 kWh，相对于基准
年增加了 10.99%，到 2030 年增加到 105 009 亿 kWh，相对于基准年增加了
51.50%。

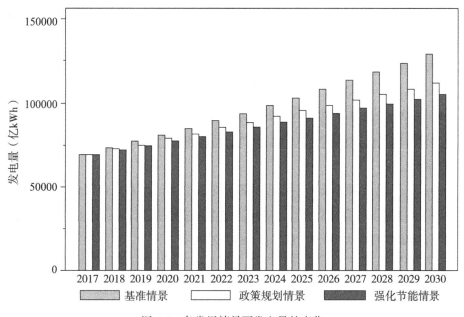

图 6-9　各发展情景下发电量的变化

五、本章小结

本章聚焦于中国电力能源的未来消费趋势，构建了适用于中国情况的电力消
费预测的 LEAP 模型，并依据情景模拟分析法设置了电力消费的三种情景方案，
在此基础上，采用自下而上的方式对各情景方案下中国未来电力消费的变化作了
预测，得出了如下主要结论：

（1）无论在何种情景方案下，全国的电力消费量均保持上涨的趋势。相比而
言，全国的电力消费量在基准情景下增长最快，在政策规划情景下次之，在强化
节能情景下增长最慢，这表明政府对未来电力能源的发展应制定合理的规划，且
各项节能政策应有序开展。从预测结果看，到 2030 年全国电力消费量约在

98 341 亿~120 641 亿 kWh 变动。

（2）在各发展情景下，不同产业的电力消费量均维持上涨的趋势，且第二产业的电力消费量占比一直最大，政府应制定有效的政策调整电力能源的消费结构。从预测结果看，在 2030 年，第一产业的电力消费量预测区间为 1 442 亿~1 834 亿 kWh，第二产业的电力消费量预测区间为 52 990 亿~71 367 亿 kWh，第三产业的电力消费量预测区间为 23 568 亿~26 159 亿 kWh，与居民生活消费有关的电力消费量预测区间为 98 341 亿~120 641 亿 kWh。

（3）无论处于何种情景方案，各产业内部行业的电力消费量都保持持续增长的态势。从预测结果看，工业一直是第二产业内电力消费量占比最大的行业部门，其 2030 年的电力消费量预测区间为 52 243 亿~70 033 亿 kWh；其他行业的电力消费量在第三产业内一直占比最大，其 2030 年的预测区间为 12 978 亿~15 089 亿 kWh。

（4）人均电力消费量在各情景方案下均在增加，且未达到顶峰，其 2030 年的预测区间为 6 829 亿~8 097 亿 kWh；发电量在各情景方案下也都在增加，其 2030 年的预测区间为 105 009 亿~128 890 亿 kWh。

第七章 湖北省电力发展现状及
高质量发展对策

一、湖北省电力发展现状

（1）湖北省发电装机情况

表 7-1 展示了 2006—2020 年湖北省发电装机容量。首先，湖北省的电力总装机容量在研究期内一直保持增长态势，由 2006 年的 2 994 万 kW 增长到了 2020 年的 8 273 万 kW，年均增长率为 7.0%。其次，从装机类型来看，不同类型的装机容量年均增长率有所不同，其中太阳能装机容量年均增速最快，水电装机容量年均增速最慢。太阳能装机容量由 2011 年 1 万 kW 到 2020 年 698 万 kW，年均增长率达到 92.5%，而水电装机容量由 2006 年的 1 832 万 kW 到 2020 年的 3 757 万 kW，年均增长率仅为 4.9%。最后，从装机结构来看，水电装机容量占比最大但在逐年减少，与之相反的是，风电和太阳能装机容量占比最小但在逐年上升。

表 7-1 　　　　**2006—2020 年湖北省的发电装机容量（单位：万千瓦）**

年份	总装机	水电	火电	风电	太阳能	其他
2006	2994	1832	1162	0	0	0
2007	3707	2402	1304	1	0	0
2008	4328	2905	1421	1	0	0
2009	4569	3001	1567	1	0	0

续表

年份	总装机	水电	火电	风电	太阳能	其他
2010	4906	3085	1815	6	0	0
2011	5314	3386	1918	10	1	0
2012	5787	3595	2174	17	1	0
2013	5896	3616	2240	35	5	0
2014	6213	3627	2501	77	8	0
2015	6411	3653	2575	135	48	0
2016	6745	3663	2694	201	187	0
2017	7124	3671	2787	253	413	0
2018	7401	3675	2884	331	510	1
2019	7862	3679	3157	405	621	0
2020	8273	3757	3316	502	698	0

（2）湖北省电力生产情况

表 7-2 展示了 2006—2020 年湖北省的发电量。可以看出：一是在研究期内湖北省总发电量呈逐年上升趋势，由 2006 年的 1 313 亿 kWh 上升到 3 037 亿 kWh，平均增速达到 5.7%。二是从电力装机类型来看，各种类型的发电量均呈上升趋势且太阳能发电量在研究期内的年均增长率最大。具体来看，水电发电量由 2006 年的 750 亿 kWh 增长到 2020 年的 1 647 亿 kWh，年均增长率为 5.4%；火电发电量从 2006 年的 563 亿 kWh 增长到 2020 年的 1 243 亿 kWh，年均增长率为 5.4%；风电发电量由 2008 年的 0.2 亿 kWh 增长到 2020 年的 82 亿 kWh，年均增长率为 58.8%；太阳发电量由 2011 年的 0.5 亿 kWh 增长到 65 亿 kWh，年均增长率为 62.7%。三是从发电结构来看，水电发电量占比最大但呈现波动下降的趋势，风电与太阳能的发电量占比较小但处于逐年增长状态。水电发电量占比最高达到 2008 年的 68.4%，最低是 2019 年的 45.6%；风电于 2008 年参与电力供应，截止到 2020 年发电量占比达到 2.7%，太阳能于 2011 年参与电力供应，截止到 2020 年发电量占比为 2.1%。

表7-2   2006—2020 年湖北省的发电量（单位：亿 kWh）

年份	总装机	水电	火电	风电	太阳能	其他
2006	1313	750	563	0	0	0
2007	1541	933	609	0	0	0
2008	1752	1199	553	0.2	0	0
2009	1798	1167	630	1	0	0
2010	2017	1246	771	0.7	0	0
2011	2102	1167	933	1.5	0.5	0
2012	2245	1380	863	2	0	0
2013	2235	1175	1054	5.6	0.4	0
2014	2395	1385	997	12	1	0
2015	2356	1303	1030	21	2	0
2016	2494	1399	1048	35	11	1
2017	2646	1494	1075	48	28	1
2018	2851	1471	1267	64	49	0
2019	2973	1357	1485	74	57	0
2020	3037	1647	1243	82	65	0

（3）湖北省电力消费情况

表7-3 展示了 2006—2020 年湖北省全社会用电量的情况。首先，全社会用电量呈上升趋势，从 2006 年的 895 亿 kWh 增长到 2 184 亿 kWh，平均增长速率为 6.1%。其次，各产业的用电量也均处于上升趋势且第三产业的上涨速度最快，其由 2006 年的 97 亿 kWh 上升到 2020 年的 358 亿 kWh，年均增长率为 9.0%。最后，从电力消费的产业结构来看，第二产业用电量占比最大但其占比在逐年缩小，第三产业用电量占比逐渐上升。第二产业用电量的占比由 2006 年的 70.2% 减少到 2020 年的 61.5%；第三产业用电量的占比由 2006 年的 10.8% 增加到 2020

年的 16.4%。

表 7-3　　　**2006—2020 年湖北省的全社会用电量（单位：亿 kWh）**

年份	全社会用电量	第一产业	第二产业	第三产业	居民生活用电
2006	895	37	628	97	134
2007	1009	38	737	93	141
2008	1076	36	781	99	160
2009	1183	37	840	127	179
2010	1418	37	1047	139	195
2011	1572	24	1178	159	211
2012	1643	27	1187	183	246
2013	1841	30	1304	209	271
2014	1854	30	1343	219	262
2015	1862	22	1317	244	279
2016	1971	30	1352	275	315
2017	2021	30	1352	301	338
2018	2166	33	1385	352	395
2019	2323	40	1461	386	436
2020	2184	42	1344	358	439

图 7-1 展示了 2006—2020 年湖北省人均用电量整体情况。可以看出，一是在研究期内湖北省人均用电量一直保持增长态势，从 2006 年的 1 572kWh 增长到 2020 年的 3 781kWh，年均增长幅度为 6.0%。二是从增速变动来看，2006—2012 年湖北省人均用电量的增速最大，其年均增长率为 8.8%，而 2012 年至今增速逐渐放缓至 2.2%。三是从增长幅度来看，2012—2013 年上涨幅度最大，由 2012 年的 2 842kWh 增长到 2013 年的 3 175kWh，增长了 333kWh，这或许是由于经济由萧条转向复苏的经济新常态所致。由于新冠疫情的发生，较大的经济下行压力使得 2019—2020 年人均用电量出现了一定程度的下调，由 3 919kWh 下降到 3 782kWh，其下降幅度是 2006 年以来最大的一次。

（4）湖北省电力投资情况

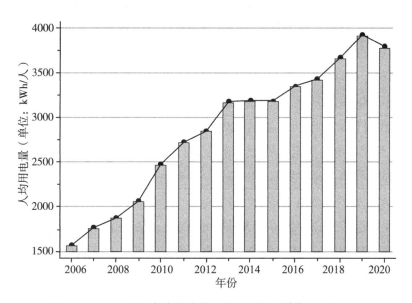

图 7-1　2006—2020 年湖北省的人均用电量（单位：kWh/人）

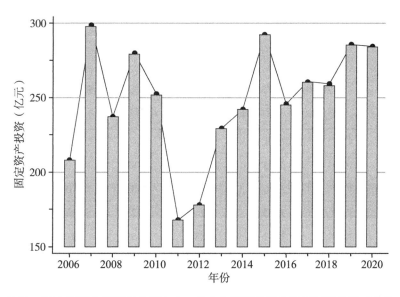

图 7-2　2006—2020 年湖北省国有经济电力、热力生产和供应业固定资产投资（单位：亿元）

　　注：由于电力投资数据缺失，现由湖北省国有经济电力、热力生产和供应业固定资产投资代替

　　图 7-2 刻画了 2006—2020 年湖北省国有经济电力、热力生产和供应业固定资产投资情况。整体来看，湖北省的电力固定投资呈现剧烈波动，总体位于 168 亿元到 298 亿元之间。具体来看，一是只有少数年份电力固定投资波动幅度处于 10 亿元左右，大部分年份电力固定投资波动幅度在 25 亿~90 亿元。二是从增加幅度来看，2006—2007 年和 2012—2013 年电力投资增长幅度较大。2007 年与 2006 年相比增长了 90 亿元，这与 2007 年节能减排与电力改革有密切联系；2013 年与 2012 年相比电力固定投资由 178 亿元上升至 229 亿元，增幅达到 51 亿元，这很大程度是受当年经济复苏的影响。

　　（5）湖北省的主要电力技术经济指标

　　表 7-4 展示了 2013—2020 年湖北省 6000kW 及以上电厂发电设备平均利用小时，该指标可以用于衡量发电设备利用率。由该表可知，一是发电设备在研究期内平均利用小时数位于 3 750~4 034 小时区间。二是从电力设备的类型来看，水电和新能源发电设备平均利用小时整体处于上升趋势，火电发电设备平均利用小时数整体处于下降的趋势，风电发电设备利用小时数处于平稳状态，位于1 881~2 188 小时之间。三是水电设备利用率高于全国平均水平，全国水电发电设备平均利用时长的平均值为 3 054。

表 7-4　　　　　**2013—2020 年湖北省 6000kW 及以上电厂发电设备**

平均利用小时（单位：小时）

年份	平均	水电	火电	风电	太阳能	其他
2013	3835	3302	4695	2188	0	0
2014	3969	3876	4165	2032	0	0
2015	3750	3620	4024	1927	0	0
2016	3819	3869	3985	1063	916	0
2017	3876	4120	3956	2098	987	0
2018	4034	4071	4527	2159	1115	0
2019	3968	3758	4796	1960	1103	0
2020	3872	4495	3851	1881	1013	0

　　图 7-3 展示了湖北省 2015—2020 年 6000kW 及以上电厂发电耗煤和供电耗煤

的总体情况。其中，发电耗煤是刻画发电企业能源利用效率的主要指标，供电耗煤是刻画火电厂能源利用效率的主要指标。首先，发电耗煤和供电耗煤都呈下降的趋势，发电耗煤由 2015 年的 297.7g 下降至 2020 年的 283.3g，年均下降率 0.83%；供电耗煤由 2015 年的 313g 下降到 2020 年的 298.6g，年均下降率为 0.79%。现阶段湖北省发电企业能源利用率和火电厂能源利用率均已达到国家标准水平。其次，根据发电煤耗和供电煤耗的降速将湖北省煤耗的演变趋势分为两个阶段，第一阶段为 2015—2017 年的快速下降阶段，第二阶段为 2017—2020 年的平稳下降阶段。最后，研究期内每年供电煤耗比发电煤耗多 15g 左右，其差值位于电力传输损失的正常区间，10~20g。

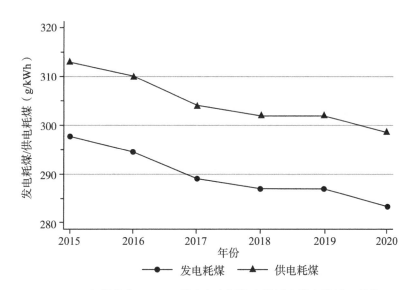

图 7-3　2015—2020 年湖北省 6000kW 及以上电厂发电煤耗和供电煤耗（单位：g/kWh）

二、湖北省电力高质量发展的对策建议

（1）促进电力装备产业转型升级

湖北省急需针对电力装备行业制定更明晰的技术发展方案，加快实现四代核电技术产业化，加快探索超导输电等前瞻性技术研发，提升清洁能源发电、柔性

直流输电和储能技术，并推动大容量远距离特高压海底电缆装备研发；加快电力装备产业向网络化、智能化推进，通过优先开展智能制造、工业互联网试点应用，加快新一代信息技术在电力装备产业的融合，从信息采集、处理应用、继电保护等方面实现电网的全方位智能化；大力促进电力产业的绿色低碳转型，聚焦新型环保输配电装备，加大资金、技术、人员支持，提高生产过程电力设备使用效率及资源回收率，助力装备体系的全面升级。

（2）加快终端能源消费电气化进程

立足湖北省能源消费现状，大力加快工业电气化进程，鼓励工业节能和余热余压回收，通过"氢能+CCUS"等技术方式，首先在钢铁、建材、石化化工等领域打造低碳循环工业体系，积极推动以电能为核心的工程项目，充分发挥先进项目的示范效应，打造新型工业用能系统；有序推进能源生产利用方式变革，以高耗能高排放项目园区为着眼点，加快实施产能置换、淘汰煤电落后产能、严格控制新增产能，通过大力推行减煤限煤合理控制煤炭消费，积极发展水电、风电、核电等方式，逐步实现能源消费结构优化；从根本上转变能源发展理念，基于顶层设计全力倡导电力消费，全方位探索生态文明建设，制定全面绿色能源发展计划，以科学规划促进终端消费电气化进程。

（3）加快推动新型储能发展

湖北省储能产业虽起步较晚，但近些年发展迅速，装机规模持续扩大，但还远远落后于广东、江苏、青海、安徽、甘肃等省份，目前储能技术还处于相对较低水平，储能形式较为单一，储能产业还有待进一步发展。因此，湖北省急需加快以电化学为主的储能技术研发，以企业为创新主体，云集高校、科研院所等创新资源，组建区域间储能技术"创新联合体"，给予储能研发更大力度优惠，推动显热储能技术、潜热储能技术等关键技术的发展；大力培育多元化储能形式，加大对电储能、氢储能、热（冷）储能等新型储能项目的扶持力度，助力分布式新能源、微电网、增量配网等新型储能形式应用；积极推动储能产业发展，优先支持绿色高效项目入园，有序推进各地高新技术储能装备产业园区建设，依托武汉、襄阳储能技术、咸宁崇阳钒发展优势，打造完整、全方位的储能产业链条，加快储能产业规模化、市场化转型。

（4）稳步推进电力体制改革

近年来，湖北省电力市场体系改革正稳步推进中，逐渐形成多元竞争主体格局，交易行为规范性得以不断提高，然电力市场配套机制体制尚未完全构筑，市场化制约因素大为存在，离全面市场化还存在一定差距。为此，湖北省还需加大市场化改革力度，积极推动分布式发电市场化交易，打造分布式电站向区域用户直接售电模式，同步探索推进电力现货交易，以现货市场价格信号为导向，积极引导发电主动调峰；重新制定与新型电力系统匹配的电力市场机制，进一步完善电力市场交易规则与技术标准，破除不同地区间的交易障碍，形成科学、合理覆盖全省域的机制体制，引导建立交易公平、监管有效的电力市场价格机制；大力推动增量配电业务与输配电价改革，保障市场竞争性业务有序推进，逐渐打破市场垄断局面，充分尊重市场主体交易意愿，鼓励各交易主体建立长期稳定的交易机制。

（5）提升电力供应保障能力

湖北省电力供需形势偏紧，尤其在七八月高温天气，电力供应面临较大的压力。湖北省需加强需求侧管理，建立科学合理模型以准确预测用电需求，特别要加强高峰阶段的负荷分析与供需预测，提前制定电力分配方案，做好电力紧缺时段应对之策，提升需求响应能力；推动电力供应保障能力建设，保障煤电调峰与兜底保供作用，进一步加快重点保供煤矿、优质产能煤矿、核增产能煤矿等项目的开展，有序推进新能源基地化、规模化建设，打造高比例新能源电力外送通道，实现以新能源为导向的供给结构优化升级，保障多元化电力供给；大力促进区域间电力交易，发挥现有输电通道能力和地区间错峰效益，强化不同区域间电网的开机备用、跨区支援、余缺调剂，进一步完善跨区电力交易保障机制。

（6）加强新型电力系统建设

湖北省电力需求旺盛，新型电力系统建设正逐步推进中，然支撑性电源建设面临较多约束，新能源机组缺口大，电力系统调节能力相对滞后，电网建设质量及效率有待提升。随着新型电力系统复杂性不断提高，电力系统运营难度和风险逐步加大，传统电力调度运行体系亟待革新。为此，湖北省急需大力提高电力系统中新能源占比，加快建造大型风电、光伏发电基地，加大对晶体硅电池、大型风电、分布式光伏的技术研发支持力度，助力"新能源+储能"绿色友好电站的推广应用；加快电力系统调度体系的改革，重点聚焦新型储能、源网荷储一体化能新模式存在的调度问题，助力调度模式向"源网荷融合互动"转型，充分引导自备电厂、虚拟电厂、传统高载能工业负荷等发挥在系统调节中的关键作用，促进"大电源、大电网"与"分布式"兼并融合，全方位提升电力系统综合调节能力与调度效率。

第八章 研究结论与展望

一、基本结论

在应对气候变化和大气污染防治背景下，加快构建以清洁电力能源为核心的新型能源体系，实现从数量增长到质量跨越的重大转变，是深化能源革命战略，推进能源结构形态及运行模式改变的内在要求，也是促进人类精神文明和物质文明进步的重要标志。作为支撑现代经济社会发展的生命性能源，中国的电力消费随其不断深化发展的城镇化和工业化持续刚性增长。随着中国经济迈入新常态，经济发展速度由高速转向中高速，经济发展方式由规模速度型转向质量效率型，经济增长动力由要素驱动、投资驱动转向创新驱动。受经济转型发展的影响，中国的电力消费也迈入了一个新的阶段，呈现出不同于以往的特征。本书聚焦于新常态下电力能源的消费，系统解析其突出表现出的四个方面的特征，即电力消费和经济增长的动态关联、电力消费年均增速的放缓、电力强度的省际差异化以及全要素电力消费效率的时空分异，这四个方面的特征相互联系，共同作用于电力消费的变化。在此基础上，对中国电力消费展开情景模拟分析，以预测其未来变化趋势。整个研究围绕经济转型下的电力消费形成"特征分析——预测分析"的研究链条，逐步展开，深化推进。该研究的进行对于把控新时期电力消费的演变轨迹，提升电力能源利用效率，稳定电力供需均衡，促进节电降耗具有重要的意义，同时也有利于合理安排电力规划建设，科学制定电力发展规划和政策。本书所取得的主要研究成果如下：

（1）考虑到电力消费和经济增长处于动态关联中，从时间维度出发，分析了全国电力消费重心和经济增长重心的耦合关联，鉴别了电力消费周期和经济增长周期的协同关联，考察了电力消费和经济增长的交互关联。研究结果表明，全国的电力消费重心和经济增长重心并不重合，皆偏离地理几何中心。从变化轨迹看，这两类重心皆向低纬度地区移动，但其经度变化方向相反；以年为周期的度量单位，在剥离趋势成分后，电力消费和经济增长的周期成分皆显示两者具有明显的周期循环性，且周期长度接近。此外，两者周期的协同性主要表现在旧常态阶段，而新常态阶段逆周期性明显；线性 Granger 因果检验显示两者互不为因果，但非线性 Granger 因果检验表明存在从电力消费到经济增长的单向因果关系。相比旧常态阶段，电力消费对经济增长的正向促进作用在新常态阶段减弱。

（2）考虑到电力消费的年均增速放缓，探究了电力消费是否与经济发展出现脱钩，检验了电力消费年均增速是否有结构突变发生，分析了电力消费增长驱动机制的转变及其驱动因素作用程度的改变。研究结果表明，OECD 脱钩因子显示新常态阶段电力消费与经济增长基本呈脱钩关系，进一步，Tapio 脱钩弹性指数表明在新常态阶段弱脱钩和扩张挂钩是两者间的主要状态；CUSUM 检验显示电力消费年增长率大约在 2014 年出现结构断点，电力消费改变了过往的高速增长模式；电力消费的增长动力来源先由净出口驱动为主转变为投资驱动为主，再向消费驱动为主过渡。人均最终需求水平一直是电力消费增长最大的增量因素，但其贡献比例呈递减趋势；除 2010—2012 年阶段外，电力直接能耗系数一直是电力消费增长最大的减量因素，而最终需求结构以较小的拉动率促进电力消费增长。

（3）考虑到省际电力强度存在明显差异，量化了电力强度的省际差异化程度，考察了影响电力强度水平的因素，探究了省际电力强度差异的来源。研究结果表明，泰尔指数的测度结果显示新常态阶段各省份电力强度的非均衡程度在缩小，且对总体泰尔指数的分解表明电力强度的差异主要存在于区域内。分区域看，西部地区的电力强度非均衡程度最大，中部地区和东部地区次之，最小的是西部地区；经济发展、人口规模、能源结构、产业结构、对外开放程度以及技术进步等各因素在不同分位点上对电力强度的影响存在异质性。经济发展、人口规模、对外开放程度促进了电力强度的降低，而能源结构、产业结构、技术进步抑制了电力强度的降低；各影响因素对电力强度差异贡献率按绝对值从大到小为经济发展、能源结构、人口规模，技术进步、对外开放程度、产业结构。其中，经济发展、能源结构、人口规模以及对外开放程度对电力强度差异的贡献率为正，而技术进步和产业结构对电力强度差异的贡献率为负。

（4）考虑到全要素电力消费效率表现出时空分异，在全要素框架下测度了电力消费效率，评估全要素电力消费效率的变化，探究全要素电力消费效率的空间集聚特征，分析全要素电力消费效率的收敛性。研究结果表明，全国的全要素电力消费效率在样本考察期内呈下降趋势，但在新常态阶段趋于稳定，且各经济区域的全要素电力消费效率与全国的变动相似；全要素电力能源生产效率在研究考察期内是提升的，但这种提升主要发生在新常态阶段，且分解来看，电力能源全要素生产率改善主要来源于技术进步效应；各省份全要素电力消费效率在空间上表现出正向自相关性，存在集聚分布特征，且空间集聚程度在样本考察期内呈减弱的格局，但在新常态阶段趋于稳定。高-高集聚区域和低-低集聚区域呈逐年缩小的态势，低-高集聚区域和高-低集聚区域呈扩张态势。各省份全要素电力消费效率没有表现出 σ 收敛现象，但存在 β 绝对收敛。

（5）考虑到未来电力消费趋势存在的不确定性，设置了三种发展情景，即基准情景、政策规划情景及强化节能情景，通过构建 LEAP 模型来预测远期的电力消费量。研究结果表明，无论在何种情景方案下，全国电力消费量均保持上涨的趋势。相比而言，全国电力消费量在基准情景下增长最快，在政策规划情景下次之，而在强化节能情景下增长最慢。预测显示，2030 年全国电力消费量为 98 341 亿~120 641 亿 kWh。分产业看，各产业的电力消费量在各情景下也都维持持续上涨的态势，其中，第一产业的占比相对变化不大，第二产业的占比逐年下降，而第三产业和居民消费的占比逐年上升。人均电力消费量在各情景方案下均在增加，且未达到峰值，其 2030 年的预测区间为 6 829 亿~8 097kWh。发电量在各情景方案下也都在增加，其 2030 年的预测区间为 105 009 亿~128 890 亿 kWh。

二、研究展望

受时间和作者水平的限制，本书在对中国电力消费的多维度特征研究与需求预测研究中仍存在不足之处及急需改进的地方，未来将从以下几个方面继续深入拓展本书的研究：

（1）电能替代的发展现状、实施效益及其未来深化方向有待研究。电能替代战略的实施是加快能源转型发展的必由之路。自该战略提出以来，在居民采暖领域、交通领域、生产制造等领域得到了广泛推广，且取得了明显的成效。但是，目前对电能替代的发展现状缺乏全面的把控，各地区存在盲目跟风，一味追求电能替代电量提升的现象，这阻碍了电能替代的进一步发展。此外，对电能替代实施带来的效益也缺乏合理的认知，理应从经济、社会及环境等多方面科学评估电能替代产生的综合效益。进一步，还应对电能替代未来的深化方向、发展潜力及相应的实施路线作出细致的分析。

（2）泛在电力物联网的建设对电力消费的影响有待研究。泛在电力物联网的建设是持续深化"以电为中心"能源变革的必然选择，其依托电力系统，采用现代信息及通信技术在线连接能源生产与消费各环节的人、机、物，以实现电网的泛在物联、信息互动和网络智能。随着泛在电力物联网的建设，电力能源的利用将朝着数字化和智能化发展，这对电力消费的影响是多方面的，包括电力消费方式的转变、电力消费安全的加强、电力消费质量的改善、电力消费效率的提升以及电力消费量的增加等。鉴于此，理应构建综合评估模型系统分析泛在电力物联网的建设对电力消费产生的影响，这对于适应能源变革形势具有重要的意义。

（3）新电改下售电侧的放开对居民生活电力消费的影响有待研究。随着电力体制改革的深入推进，传统由政府定价的售电模式正发生由市场竞争的根本性改变。多竞争主体的培育将逐步刺激售电侧市场的放开，这将有可能导致电价相对下降。面对用电成本的下降，居民家庭用电行为也有可能相应发生改变，从而引发其电力消费量的变化。此外，售电市场竞争的加剧也会催动对市场主体的优胜劣汰，进而引起用电服务质量的提升，多元业务模式的出现，相应地，居民用户的体验也会不断创新，进而产生新增用电需求。面对电能成本的下降和用电服务质量的提升，居民家庭用户的用电行为将会发生改变，进而引发电力消费量的变动，因而有必要分析售电侧的放开对居民生活电力消费产生的影响。

参 考 文 献

［1］ Kraft J，Kraft A，"On The Relation Between Electricity Consumption And GDP"，Journal of Energy Development，3（1978），401-403.

［2］ Seyi Saint Akadiri，Andrew Adewale Alola，Godwin Olasehinde-Williams，et al，"The role of electricity consumption，globalization and economic growth in carbon dioxide emissions and its implications for environmental sustainability targets"，Science of The Total Environment，708（2020），10.

［3］ 刘自敏、崔志伟、朱朋虎等：《中国电力消费的动态时空特征及其驱动因素》，载《中国人口·资源与环境》2019 年第 11 期。

［4］ Mohammad Mafizur Rahman，Eswaran Velayutham，"Renewable and non-renewable energy consumption-economic growth nexus：New evidence from South Asia"，Renewable Energy，147（2020），399-408.

［5］ Payne James．"A survey of the electricity consumption-growth literature"，Applied Energy，87（2010），723-731.

［6］ Bakhtyar，Bardia，Sopian K，Sulaiman M Y，et al，"Renewable energy in five South East Asian countries：Review on electricity consumption and economic growth"，Renewable & Sustainable Energy Reviews，26（2013），506-514.

［7］ 傅启阳、张龙：《宏观经济与电力弹性系数的关系》，载《中国电力企业管理》2013 年第 3 期。

［8］ 李赛、张勇、詹昕：《基于 AHP 的电力生产弹性系数研究与应用》，载《陕西电力》2012 年第 3 期。

［9］ 单葆国、李江涛、谭显东等：《经济转型时期电力弹性系数应用》，载《中

国电力》2017 年第 12 期。

[10] 彭竹弈、李宝会、徐超：《江苏电力弹性系数变动规律及走势研究》，载《统计科学与实践》2017 年第 10 期。

[11] Meysam Khojasteh, Shahram Jadid, "Decision-making framework for supplying electricity from distributed generation-owning retailers to price-sensitive customers", Utilities Policy, 37 (2015), 1-12.

[12] Mohammad Mafizur Rahman, "Environmental degradation：The role of electricity consumption, economic growth and globalisation", Journal of Environmental Management, 253 (2020).

[13] 白叶：《北京市电力消费与经济增长的周期波动及关联度分析》，北京化工大学硕士学位论文，2014。

[14] Xiaojian Zhong, Hongyi Jiang, Chen Zhang, et al, "Electricity consumption and economic growth nexus in China：an autoregressive distributed lag approach", Environmental Science and Pollution Research, 26 (2019), 14627-14637.

[15] Mucahit Aydin, "Renewable and non-renewable electricity consumption-economic growth nexus：Evidence from OECD countries", Renewable Energy, 136 (2019), 599-606.

[16] Shahbaz Muhammad, Sarwar Suleman, Chen Wei, et al, "Dynamics of electricity consumption, oil price and economic growth：Global perspective", Energy Policy, 108 (2017), 256-270.

[17] Remember Samu, Festus Victor Bekun, Murat Fahrioglu, "Electricity consumption and economic growth nexus in Zimbabwe revisited：fresh evidence from Maki cointegration", International Journal of Green Energy, 16 (2019), 540-550.

[18] A Sankaran, Sanjay Kumar, Arjun K, et al, "Estimating the causal relationship between electricity consumption and industrial output：ARDL bounds and Toda-Yamamoto approaches for ten late industrialized countries", Heliyon, 5 (2019).

[19] Faisal, Turgut Tursoy, Nil Gunsel Resatoglu, "Energy Consumption, Electricity,

and GDP Causality: The Case of Russia, 1990-2011", Procedia Economics and Finance, 39 (2016), 653-659.

[20] Faisal, Turgut Tursoy, Nil Gunsel Resatoglu, et al, "Electricity consumption, economic growth, urbanisation and trade nexus: empirical evidence from Iceland", Economic research-Ekonomska istraživanja, 31 (2018), 664-680.

[21] Muhammad Maladoh Bah, Muhammad Azam, "Investigating the relationship between electricity consumption and economic growth: Evidence from South Africa", Renewable and Sustainable Energy Reviews, 80 (2017), 531-537.

[22] Suleman Sarwar, Wei Chen, Rida Waheed, "Electricity consumption, oil price and economic growth: Global perspective", Renewable and Sustainable Energy Reviews, 76 (2017), 9-18.

[23] Boqiang Lin, Yao Wang, "Inconsistency of economic growth and electricity consumption in China: A panel VAR approach", Journal of Cleaner Production, 229 (2019), 144-156.

[24] 吴丽丽：《对外贸易周期与经济周期的契合：来自中国的实证》，载《商业经济研究》2019 年第 3 期。

[25] 方齐云、熊韵坚：《宏观经济周期与产业发展周期的动态变迁识别》，载《工业技术经济》2018 年第 6 期。

[26] 谢品杰、孙飞虎、王绵斌：《中国电力周期与经济周期的协同性——基于 Markov 区制转移模型》，载《技术经济》2017 年第 7 期。

[27] 徐斯旸、祝志刚：《华中地区经济周期与电力需求周期的特征及相互关系》，载《广东电力》2019 年第 2 期。

[28] Qiang Wang, Rui Jiang, Lina Zhan, "Is decoupling economic growth from fuel consumption possible in developing countries? -A comparison of China and India", Journal of Cleaner Production, 229 (2019), 806-817.

[29] Chi Zhang, Bin Su, Kaile Zhou, et al, "Analysis of electricity consumption in China (1990-2016) using index decomposition and decoupling approach", Journal of cleaner production, 209 (2019), 224-235.

[30] 王维华：《中国经济重心与能源消费重心动态轨迹的实证研究》，载《西安

财经学院学报》2016 年第 2 期。

[31] Vincenzo Bianco, "Analysis of electricity consumption in the tourism sector. A decomposition approach", Journal of Cleaner Production, 248 (2020), 11.

[32] 孙祥栋、尹彦辉、郑艳婷:《区域经济异质视角下电力消费因素分解及 "拐点" 分析》,载《技术经济》2019 年第 7 期。

[33] Nelson I. Benjamin, Boqiang Lin, "Influencing factors on electricity demand in Chinese nonmetallic mineral products industry: A quantile perspective", Journal of Cleaner Production, 243 (2020), 12.

[34] 孙楚钰、王玉玮、陆昊等:《影响电力消费的因素——基于省域面板数据 分析》,载《价值工程》2017 年第 35 期。

[35] 陈树民:《我国电力需求影响因素研究》,山东大学硕士学位论文,2018.

[36] Miao Yu, Xintong Zhao, Yuning Gao, "Factor decomposition of China's industrial electricity consumption using structural decomposition analysis", Struct Change Econ Dynam, 51 (2019), 67-76.

[37] 魏晓萌:《北京市电力需求影响因素及预测研究》,北方工业大学硕士学位 论文,2018.

[38] Ben Anderson, Sharon Lin, Andy Newing, et al, "Electricity consumption and household characteristics: Implications for census-taking in a smart metered future", Comput Environ Urban Syst, 63 (2017), 58-67.

[39] Leonie Wenz, Anders Levermann, Maximilian Auffhammer, "North-south polarization of European electricity consumption under future warming", Proceedings of the National Academy of Sciences, 114 (2017), 7910-7918.

[40] Christopher A. Craig, Song Feng, "Exploring utility organization electricity generation, residential electricity consumption, and energy efficiency: A climatic approach", Applied Energy, 185 (2017), 779-790.

[41] Fateh Bélaïd, Meriem Youssef, "Environmental degradation, renewable and non-renewable electricity consumption, and economic growth: Assessing the evidence from Algeria", Energy Policy, 102 (2017), 277-287.

[42] Rajesh Sharma, Pradeep Kautish, "Dynamism between selected macroeconomic

determinants and electricity consumption in India", International Journal of Social Economics, 46（2019）, 805-821.

［43］陈理、虎陈霞、陈芳等：《浙江省电力消费量与产业结构关联度的时空变化研究》，载《电力需求侧管理》2018 年第 4 期。

［44］Kais Saidi, Hassen Toumi, Saida Zaidi, "Impact of Information Communication Technology and Economic Growth on the Electricity Consumption：Empirical Evidence from 67 Countries", Journal of the Knowledge Economy, 8（2015）, 789-803.

［45］ Hongxia Wang, Hong Fang, Xueying Yu, et al, "How real time pricing modifies Chinese households' electricity consumption", Journal of Cleaner Production, 178（2018）, 776-790.

［46］Da Liu, Liang Ruan, Jinchen Liu, et al, "Electricity consumption and economic growth nexus in Beijing：A causal analysis of quarterly sectoral data", Renewable and Sustainable Energy Reviews, 82（2018）, 2498-2503.

［47］Jianhua Yin, Sen Wang, Lidong Gong, "The effects of factor market distortion and technical innovation on China's electricity consumption", Journal of Cleaner Production, 188（2018）, 195-202.

［48］Han Chen, Ye Huang, Huizhong Shen, et al, "Modeling temporal variations in global residential energy consumption and pollutant emissions", Applied Energy, 184（2016）, 820-829.

［49］张金良、关轶群：《基于 IO-SDA 模型的电力行业碳排放影响因素分析》，载《华北电力大学学报（社会科学版）》2019 年第 6 期。

［50］光峰涛、何永秀、尤培培等：《基于结构分解模型的中国电力消费驱动因素研究》，载《中国电力》2019 年第 12 期。

［51］Boqiang Lin, Oluwasola E. Omoju, Jennifer U. Okonkwo, "Factors influencing renewable electricity consumption in China", Renewable and Sustainable Energy Reviews, 55（2016）, 687-696.

［52］Abdelaziz Boukhelkhal, Ismail Bengana, "Cointegration and causality among electricity consumption, economic, climatic and environmental factors：

Evidence from North-Africa region", Energy, 163（2018），1193-1206.

［53］曲三省：《现代经济计量分析方法应用研究》，载《经济经纬》2018 年第 1 期。

［54］Yoichi Kaya，"Impact of carbon dioxide emission control on GNP growth：interpretation of proposed scenarios", Intergovernmental Panel on Climate Change/Response Strategies Working Group，5（1989）.

［55］胡剑波，任亚运，郭风：《国际贸易碳排放指数分解法研究综述》，载《环境科学与技术》2016 年第 10 期。

［56］Babak Mousavi，Neil Stephen A Lopez，Jose Bienvenido Manuel Biona，et al，"Driving forces of Iran's CO_2 emissions from energy consumption：an LMDI decomposition approach"，Applied Energy，206（2017），804-814.

［57］Tian Goh，B. W. Ang，"Tracking economy-wide energy efficiency using LMDI：approach and practices"，Energy Efficiency，12（2019），829-847.

［58］Paulo M. De Oliveira-De Jesus，"Effect of generation capacity factors on carbon emission intensity of electricity of Latin America & the Caribbean，a temporal IDA-LMDI analysis"，Renewable and Sustainable Energy Reviews，101（2019），516-526.

［59］Mohsen Pourebadollahan Covich，Firouz Fallahi，Elham Alizadeh，et al，"Decomposing the Influencing Factors of CO_2 Emissions in East Azarbayjan Province Manufacturing Industries Using The LMDI Approach"，Quarterly Journal of Applied Theories of Economics，5（2018），199-222.

［60］李伟、李浩：《我国电力消费影响因素分析》，载《广东电力》2015 年第 6 期。

［61］Hanspeter Wieland，Stefan Giljum，Martin Bruckner，et al，"Structural production layer decomposition：a new method to measure differences between MRIO databases for footprint assessments"，Economic Systems Research，30（2018），61-84.

［62］He He，Christian John Reynolds，Zixiang Zhou，et al，"Changes of waste generation in Australia：Insights from structural decomposition analysis"，Waste management，83（2019），142-150.

［63］ Bangzhu Zhu，Bin Su，Yingzhu Li，"Input-output and structural decomposition analysis of India's carbon emissions and intensity，2007/08-2013/14"，Applied Energy，230（2018），1545-1556.

［64］ Wassily W Leontief， "Quantitative input and output relations in the economic systems of the United States"，The Review of Economic statistics，18（1936），105-125.

［65］ 马超、田贵良、吴丹等：《基于可计算非线性动态水资源 I-O 模型的虚拟水测算》，载《中国人口·资源与环境》2016 年第 2 期。

［66］ Jingke Hong，Clyde Zhengdao Li，Qiping Shen，et al.， "An Overview of the driving forces behind energy demand in China's construction industry：evidence from 1990 to 2012"，Renewable and Sustainable Energy Reviews，73（2017），85-94.

［67］ Roberta Arbolino，Raffaele Boffardi，Luisa De Simone，et al，"Who achieves the efficiency? A new approach to measure 'local energy efficiency'"，Ecological Indicators，110（2020），12.

［68］ Rabia Akram，Fuzhong Chen，Fahad Khalid，et al，"Heterogeneous effects of energy efficiency and renewable energy on carbon emissions：Evidence from developing countries"，Journal of Cleaner Production，247（2020），12.

［69］ 江洪、李金萍、纪成君：《省际能源效率再测度及空间溢出效应分析》，载《统计与决策》2020 年第 1 期。

［70］ 巩芯仪：《能源效率概念、分类及影响因素研究综述》，载《新西部（理论版）2015 年第 3 期。

［71］ 祁晓凤：《基于市场分割视角的中国省际能源效率研究》，浙江财经大学硕士学位论文，2019.

［72］ Hana Kim，Weiming Chen，"Changes in energy and carbon intensity in Seoul's water sector"，Sustainable cities and society，41（2018），749-759.

［73］ 陈峥：《能源禀赋、政府干预与中国能源效率研究》，中南财经政法大学博士学位论文，2017.

［74］ Quande Qin, Xin Li, Huangda He, et al. ,"Unified energy efficiency in China's coastal areas: A virtual frontier-based global bounded adjusted measure", Journal of Cleaner Production, 186 (2018), 229-240.

［75］ François Fall, Al-mouksit Akim, Harouna Wassongma, "DEA and SFA research on the efficiency of microfinance institutions: A meta-analysis", World Development, 107 (2018), 176-188.

［76］ Predrag Petrović, Sanja Filipović, Mirjana Radovanović, "Underlying causal factors of the European Union energy intensity: Econometric evidence", Renewable and Sustainable Energy Reviews, 89 (2018), 216-227.

［77］ Ka Leung Lam, Steven J. Kenway, Joe L. Lane, et al, "Energy intensity and embodied energy flow in Australia: An input-output analysis", Journal of Cleaner Production, 226 (2019), 357-368.

［78］ 韩松、张宝生、唐旭等：《于正交试验的"十三五"中国能源强度情景预测与分析》，载《技术经济》2016 年第 12 期。

［79］ P. D. Hien, "Excessive electricity intensity of Vietnam: Evidence from a comparative study of Asia-Pacific countries", Energy Policy, 130 (2019), 409-417.

［80］ 姚昕、潘是英、孙传旺：《城市规模、空间集聚与电力强度》，载《经济研究》2017 年第 11 期。

［81］ Akbar Ullah, Zobia Neelum, Sara Jabeen, "Factors behind electricity intensity and efficiency: An econometric analysis for Pakistan", Energy Strategy Reviews, 26 (2019), 100371.

［82］ 田露露、刘自敏、冯永晟：《差别电价能否促进电力消费强度降低？——基于双重差分法的研究》，载《产业组织评论》2018 年第 2 期。

［83］ Maria Jesus Herrerias, Gordon Liu, "Electricity intensity across Chinese provinces: New evidence on convergence and threshold effects", Energy Economics, 36 (2013), 268-276.

［84］ Sakiru Adebola Solarin, "Parametric and non-parametric convergence analysis of electricity intensity in developed and developing countries", Environmental

Science and Pollution Research, 26 (2019), 8552-8574.

[85] 曹俊文、翟玉鹏：《中国电力消费强度的主导效应分析——基于结构效应与强度效应的视角》，载《统计与信息论坛》2017年第2期。

[86] 翟玉鹏、曹俊文：《基于双重差分法的我国差别电价政策对电力消费强度影响研究》，载《电力与能源》2018年第6期。

[87] Yongpei Wang, Liangju Wang, Qian Zhang, "Decomposition of manufacturing-related electricity consumption intensity in China using the LMDI method: 1990-2015", Energy Efficiency, 12 (2019), 1837-1855.

[88] María Jesús Gutiérrez-Pedrero, Miguel Ángel Tarancón, Pablo del Río, et al., "Analysing the drivers of the intensity of electricity consumption of non-residential sectors in Europe", Applied Energy, 211 (2018), 743-754.

[89] Sanguk Kwon, Seong-Hoon Cho, Roland K. Roberts, et al., "Short-run and the long-run effects of electricity price on electricity intensity across regions", Applied Energy, 172 (2016), 372-382.

[90] Mehmet Ali Cengiz, Emre Dünder, Talat Şenel, "Energy performance evaluation of OECD countries using Bayesian stochastic frontier analysis and Bayesian network classifiers", Journal of Applied Statistics, 45 (2017), 17-25.

[91] Changhong Zhao, Haonan Zhang, Yurong Zeng, et al, "Total-Factor Energy Efficiency in BRI Countries: An Estimation Based on Three-Stage DEA Model", Sustainability, 10 (2018), 278.

[92] Yingnan Liu, Ke Wang, "Energy efficiency of China's industry sector: An adjusted network DEA (data envelopment analysis) -based decomposition analysis", Energy, 93 (2015), 1328-1337.

[93] 沈能、周晶晶：《技术异质性视角下的我国绿色创新效率及关键因素作用机制研究：基于Hybrid DEA和结构化方程模型》，载《管理工程学报》2018年第4期。

[94] 李健、刘安琦、苑清敏：《考虑非期望产出的京津冀石化产业投入产出效率分析》，载《干旱区资源与环境》2017年第9期。

[95] Yongxiu He, Fengtao Guang, Meiyan Wang, "The efficiency of electricity-use

of China and its influencing factors", Energy, 163（2018）, 258-269.

［96］ Ching-Cheng Lu, Yung-Ho Chiu, Ming-Kuang Shyu, et al., "Measuring CO2 emission efficiency in OECD countries: Application of the Hybrid Efficiency model", Econ Modelling, 32（2013）, 130-135.

［97］ 晋艳宁:《基于电力消费预测的西部地区电力投资动态规划》, 重庆师范大学硕士学位论文, 2015.

［98］ 聂婧:《京津冀协同发展下河北省电力消费预测研究》, 华北电力大学硕士学位论文, 2017.

［99］ 何永秀、陈奋开、光峰涛等:《基于情景分析法的储能装机规模预测》, 载《智慧电力》2019 年第 11 期。

［100］ 何晓博: 《中国碳排放峰值预测研究》, 华北电力大学硕士学位论文, 2019.

［101］ Bruno Lapillonne, B Chateau, "The MEDEE models for long term energy demand forecasting", Socioecon Plann Sci, 15（1981）, 53-58.

［102］ Kiomars Sohaili, Mojtaba Almasi, "Estimation of Energy Demand in Construction Sector of Iran Economy", 2nd International Conference on Economics, Trade and Development, 36（2012）, 139-142.

［103］ 吴晓珍、景晓玮、赵庆建:《基于 LEAP 模型的林浆纸产业碳排放情景模拟》, 载《中国林业经济》2019 年第 5 期。

［104］ 高俊莲、姜克隽、刘嘉等:《基于 LEAP 模型的中国煤炭需求情景分析》, 载《中国煤炭》2017 年第 4 期。

［105］ J. A. Nieves, A. J. Aristizábal, I. Dyner, et al, "Energy demand and greenhouse gas emissions analysis in Colombia: A LEAP model application", Energy, 169（2019）, 380-397.

［106］ Usama Perwez, Ahmed Sohail, Syed Fahad Hassan, et al, "The long-term forecast of Pakistan's electricity supply and demand: An application of long range energy alternatives planning", Energy, 93（2015）, 2423-2435.

［107］ 朱建平著:《应用多元统计分析》, 科学出版社 2006 年版.

［108］ 吴国锋:《分布时滞模型在江苏省电力需求预测中的运用》, 载《商品与

质量》2011 年第 6 期。

［109］Baolei Wei, Naiming Xie, Lu Yang, "Understanding cumulative sum operator in grey prediction model with integral matching", Communications in Nonlinear Science and Numerical Simulation, 82 (2020), 105076.

［110］Baolei Wei, Naiming Xie, Lu Yang, "Understanding cumulative sum operator in grey prediction model with integral matching", Communications in Nonlinear Science and Numerical Simulation, 82 (2020), 12.

［111］刘嘉、王泽滨:《加权马尔可夫优化的 NGBM (1,1) 模型在中长期电力负荷预测中的应用》,载《江苏科技大学学报（自然科学版）》2019 年第 5 期。

［112］Xin Ma, Zhi-bin Liu, "Research on the novel recursive discrete multivariate grey prediction model and its applications", Applied Mathematical Modelling, 40 (2016), 4876-4890.

［113］李诗薇、刘振宇:《江苏省地方政府新增净债务规模动态预测——基于灰色系统理论》,载《经营与管理》2019 年第 8 期。

［114］闫树熙、李琴、郭利锋:《资源型城市产业结构动态调整的灰色关联分析——以国家级能化基地榆林市为例》,载《资源开发与市场》2019 年第 9 期。

［115］Song Ding, Keith W. Hipel, Yao-guo Dang, "Forecasting China's electricity consumption using a new grey prediction model", Energy, 149 (2018), 314-328.

［116］Jianzhou Wang, Pei Du, Haiyan Lu, et al, "An improved grey model optimized by multi-objective ant lion optimization algorithm for annual electricity consumption forecasting", Applied Soft Computing, 72 (2018), 321-337.

［117］洪奇峰、施伟斌、吴迪等:《深度卷积神经网络模型发展综述》,载《软件导刊》2020 年第 4 期。

［118］Yongxiu He, Fengtao Guang, Rongjun Chen, "Prediction of electricity demand of China based on the analysis of decoupling and driving force", IET Generation, Transmission & Distribution, 12 (2018), 3375-3382.

［119］ Aowabin Rahman, Vivek Srikumar, Amanda D Smith, "Predicting electricity consumption for commercial and residential buildings using deep recurrent neural networks", Applied Energy, 212 (2018), 372-385.

［120］ Guangfeng Zhang, Yi Chen, Yun Li, et al., "Intelligent swarm firefly algorithm for the prediction of China's national electricity consumption", International Journal of Bio-Inspired Computation, 13 (2019), 111-118.

［121］ Salman Ahmad, Razman Mat Tahar, Firdaus Muhammad-Sukki, et al., "Application of system dynamics approach in electricity sector modelling: A review", Renewable and Sustainable Energy Reviews, 56 (2016), 29-37.

［122］ 沈静瑶、曾小舟、邬国祥:《中国民航客运市场需求预测的系统动力学模型研究》,载《华东交通大学学报》2019 年第 4 期。

［123］ 肖岚、孟利宁:《低碳城市系统构建——基于全域旅游视角的仿真研究》,载《现代财经(天津财经大学学报)》2019 年第 8 期。

［124］ 于松青、侯承昊、孙英涛:《基于系统动力学的山东省电力需求预测》,载《山东大学学报(工学版)》2015 年第 6 期。

［125］ Yongxiu He, Jie Jiao, Qian Chen, et al., "Urban long term electricity demand forecast method based on system dynamics of the new economic normal: The case of Tianjin", Energy, 133 (2017), 9-22.

［126］ Ning Xu, Yaoguo Dang, Yande Gong, "Novel grey prediction model with nonlinear optimized time response method for forecasting of electricity consumption in China", Energy, 118 (2017), 473-480.

［127］ 李芳:《新增长极选择与构建研究》,河北经贸大学硕士学位论文 2016。

［128］ 李清华:《基于非均衡理论的昆明市房地产市场供求研究》,云南财经大学硕士学位论文,2017。

［129］ 聂丽、颜蒙、安真:《新兴市场经济周期:特征事实、影响因素与研究展望》,载《东北师大学报(哲学社会科学版)》2021 年第 1 期。

［130］ 杨开忠、欧阳一漪、王宇光:《中国省域经济周期波动与协动性研究》2019 年第 11 期。

［131］ Michał Pilc, Monika Naskręcka, "Adjusting employment protection legislation

to the economic cycle: do transition countries differ from mature democracies?",
Post-Communist Economies, 32（2020）, 24-53.

［132］李素芳、徐钰楚、王定国：《中国高耗能行业能源消费的贝叶斯非对称影响效应研究》，载《湖南大学学报（社会科学版）》2020 年第 1 期。

［133］涂建军、刘莉、张跃等：《1996—2015 年我国经济重心的时空演变轨迹——基于 291 个地级市数据》，载《经济地理》2018 年第 2 期。

［134］齐亚伟：《中国区域经济增长、碳排放的脱钩效应与重心转移轨迹分析》，载《现代财经（天津财经大学学报）》2018 年第 5 期。

［135］王韶华、刘琳、张伟：《京津冀能源强度及其影响因素重心演变时空特征分析》，载《统计与信息论坛》2018 年第 10 期。

［136］梁宇云：《中国工业经济周期与技术进步的关联效应分析》，东北财经大学硕士学位论文，2018.

［137］吴杰、粟芳：《中国非寿险业保险周期与承保周期的联动效应分析》，载《管理工程学报》2018 年第 1 期，第 136-145 页。

［138］Clive W J Granger, "Investigating Causal Relations by Econometric Models and Cross-spectral Methods", Econometrica, 67（1969）, 424-438.

［139］Christopher A Sims. "Money, Income, and Causality", American Economic Review, 64（1972）, 540-552.

［140］Christopher A Sims, "Macroeconomics and Reality", Econometrica, 48（1980）, 1-48.

［141］Temujin Gautama, Danilo P Mandic, Marc M Van Hulle, "A non-parametric test for detecting the complex-valued nature of time series", International Journal of Knowledge-based and Intelligent Engineering Systems, 8（1992）, 99-106.

［142］Craig Hiemstra, Jonathan D. Jones, "Testing for Linear and Nonlinear Granger Causality in the Stock Price-Volume Relation", The Journal of Finance, 49（1994）, 1639-1664.

［143］Cees Diks, Valentyn Panchenko, "A new statistic and practical guidelines for nonparametric Granger causality testing", Journal of Economic Dynamics &

Control, 30 (2006), 1647-1669.

[144] David A Dickey, Wayne A Fuller, "Distribution of the Estimators for Autoregressive Time Series With a Unit Root", Journal of the American Statistical Association, 74 (1979), 427-431.

[145] David A Dickey, Wayne A Fuller, "Likelihood Ratio Statistics for Autoregressive Time Series with a Unit Root", Econometrica, 49 (1981), 1057-1072.

[146] Said E Said, David A Dickey, "Testing for unit roots in autoregressive-moving average models of unknown order", Biometrika, 71 (1984), 599-607.

[147] Peter CB Phillips, "Time Series Regression with a Unit Root", Econometric Theory, 55 (1987), 277-301.

[148] Peter CB Phillips, Pierre Perron, "Testing for a unit root in time series regression", Biometrika, 75 (1988), 335-346.

[149] Denis Kwiatkowski, Peter C. B. Phillips, Peter Schmidt, et al., "Testing the null hypothesis of stationarity against the alternative of a unit root: How sure are we that economic time series have a unit root?", Journal of Econometrics, 54 (1992), 1-3.

[150] Jesús Clemente, Antonio Montañés, Marcelo Reyes, "Testing for a Unit Root in Variables with a Double Change in the Mean", Econ Letters, 59 (1998), 175-182.

[151] Don Harding, Adrian Pagan, "Synchronization of cycles", Journal of Econometrics, 132 (2006), 59-79.

[152] Robert F. Engle, C. W. J. Granger, "Co-integration and error correction: Representation, estimation, and testing", Econometrica, 55 (1987), 251-276.

[153] James Bernard Ramsey, "Tests for Specification Errors in Classical Linear Least-Squares Regression Analysis", Journal of the Royal Statistical Society: Series B (Methodological), (31) 1969, 350-371.

[154] Huiru Zhao, Haoran Zhao, Sen Guo, et al., "The Impact of Financial Crisis

on Electricity Demand: A Case Study of North China", Energies, 9 (2016), 1-13.

［155］陈明昊:《环境压力"脱钩"理论研究及其在北京交通运输业中的应用》,载《环境与发展》2017 年第 7 期。

［156］Petri Tapio, "Towards a theory of decoupling: degrees of decoupling in the EU and the case of road traffic in Finland between 1970 and 2001", Transport Policy, 12 (2005), 0-151.

［157］Werner Ploberger, Walter Krämer, "The Cusum Test with Ols Residuals", Journal of the Econometric Society, 60 (1992), 271-285.

［158］Robert L Brown, James Durbin, James M, "Techniques for testing the constancy of regression relationships over time", Journal of the Royal Statistical Society: Series B (Methodological), 37 (1975), 149-163.

［159］Wassily W Leontief, "Quantitative Input and Output Relations in the Economic Systems of the United States", The Review of Economic statistics, 18 (1936), 105-125.

［160］Erik Dietzenbacher, Bart Los, "Structural Decomposition Techniques: Sense and Sensitivity", Economic Systems Research, 10 (1998), 307-324.

［161］李景华:《SDA 模型的加权平均分解法及在中国第三产业经济发展分析中的应用》,载《系统工程》2004 年第 9 期。

［162］Sastry M. V. Rama and Theil Henri, "Economics and Information Theory", Econometrica, 37 (1969): 551-551.

［163］李文军:《区域财政社会保障支出差距与优化研究》,载《华东经济管理》2018 年第 2 期。

［164］赵亮:《我国医疗卫生服务的区域差距与政策优化研究》,江西财经大学硕士学位论文,2019。

［165］房雪:《区域协调发展背景下山东省公共卫生资源均衡配置研究》,山东财经大学硕士学位论文,2018。

［166］宁亚东,张世翔,孙佳:《基于泰尔熵指数的中国区域能源效率的差异性分析》,载《中国人口·资源与环境》2014 年第 S2 期。

［167］ Roger Koenker, Gilbert Bassett, Jr, "Regression Quantiles", Econometrica, 46（1978）, 33-50.

［168］ 李雪、侯伟凤：《以消费为指标的中国政府财政支出方向》，载《首都经济贸易大学学报》2018 年第 4 期。

［169］ 毕茜、于连超：《环境税的企业绿色投资效应研究——基于面板分位数回归的实证研究》，载《中国人口·资源与环境》2016 年第 3 期。

［170］ Fengtao Guang, Yongxiu He, Wen Le, et al. , "Energy intensity and its differences across China's regions: Combining econometric and decomposition analysis", Energy, 180（2019）, 989-1000.

［171］ Roger Koenker, "Quantile regression for longitudinal data", Journal of Multivariate Analysis, 91（2004）, 74-89.

［172］ Shapley, Lloyd S, "A value for n-person games", Contributions to the Theory of Games, 28（1953）, 307-317.

［173］ Anthony F Shorrocks, "Decomposition procedures for distributional analysis: a unified framework based on the Shapley value", mimeo, University of Essex, 1999.

［174］ Guanghua Wan, "Accounting for income inequality in rural China: a? regression-based approach", Journal of Comparative Economics, 32（2004）, 0-363.

［175］ Bowman Kimiko, Lyndon Shenton, "Omnibus test contours for departures from normality based on $\sqrt{b_1}$ and b_2", Biometrika, 62（1975）, 243-250.

［176］ Andrew Levin, Chien-Fu Lin, Chia-Shang James Chu, "Unit root tests in panel data: asymptotic and finite-sample properties", Journal of Econometrics, 108（2002）, 1-24.

［177］ Im K S, Pesaran M H, Shin Y, "Testing for unit roots in heterogeneous panels", Journal of Econometrics, 115（2003）, 53-74.

［178］ Kyung So Im, M. Hashem Pesaran, Yongcheol Shin, "A Comparative Study of Unit Root Tests with Panel Data and a New Simple Test", Oxford Bulletin of Economics & Statistics, 61（1999）, 631-652.

［179］ Peter Pedroni，"Panel cointegration：asymptotic and finite sample properties of pooled time series tests with an application to the PPP hypothesis"，Econometric Theory，20（2004），597-625.

［180］ Joakim Westerlund， "Testing for Error Correction in Panel Data"，Oxford Bulletin of Economics and statistics，69（2007），709-748.

［181］ Chihwa Kao，"Spurious regression and residual-based tests for cointegration in panel data"，J Econometrics，90（1999），1-44.

［182］ Baltagi Badih， "Econometric analysis of panel data"，John Wiley & Sons，（2008）.

［183］ Jerry A Hausman," Specification tests in econometrics"，Econometrica：Journal of the Econometric Society，46（1978），1251-1271.

［184］ 谢品杰、朱文昊、谭忠富：《产业结构-电价水平对我国电力强度的非线性作用机制》，载《现代财经-天津财经大学学报》2016 年第 1 期。

［185］ 姚昕、潘是英、孙传旺：《城市规模、空间集聚与电力强度》，载《经济研究》2017 年第 11 期。

［186］ Abraham Charnes，William W. Cooper，and Edwardo Rhodes， "Measuring the efficiency of decision making units"，European Journal of Operational Research，2（1979），429-444.

［187］ Kaoru Tone，"A slacks-based measure of efficiency in data envelopment analysis"，European Journal of Operational Research，130（2001），498-509.

［188］ Kaoru Tone，Miki Tsutsui， "An epsilon-based measure of efficiency in DEA - A third pole of technical efficiency"，European Journal of Operational Research，207（2010），1554-1563.

［189］ Sten Malmquist， "Index numbers and indifference surfaces"，Trabajos De Estadistica，4（1953），209-242.

［190］ Michael James Farrell，"The measurement of productive efficiency"，Journal of the Royal Statistical Society：Series A（General），120（1957），253-281.

［191］ Yangho H Chung，Rolf Färe，Shawna Grosskopf，"Productivity and undesirable outputs：a directional distance function approach"，Journal of Environmental

Management，51（1997），229-240.

[192] Dong-hyun Oh，"A global Malmquist-Luenberger productivity index"，Journal Productivity Analysis，34（2010），183-197.

[193] 袁永科、赵美姣：《中国区域经济差异及收敛的产业分析》，载《华东经济管理》2019年第12期。

[194] 陈东景、孙兆旭、郭继文：《中国工业用水强度收敛性的门槛效应分析》，载《干旱区资源与环境》2020年第5期。

[195] 姜钰、蔡秀亭：《中国森林生态安全动态测度及空间收敛性分析》，载《统计与决策》2019年第2期。

[196] António Carvalho，"Energy efficiency in transition economies"，Economics of Transition，26（2018），553-578.

[197] 2012—2013年中国宏观经济报告。